LAB MANUAL

Ana Oscoz
University of Iowa

Comunicación y cultura

Eduardo Zayas-Bazán
East Tennessee State University

Susan M. Bacon
University of Cincinnati

Dulce García
City College of New York

Prentice Hall, Upper Saddle River, New Jersey 07458

Editor-in-Chief: *Rosemary Bradley*
Acquisitions Editor: *Kristine Suárez*
Development Editors: *Glenn Wilson, Mariam Rohlfing*
Associate Editor: *Heather Finstuen*
Editorial Assistant: *Nadejda Rozeva*
Executive Managing Editor: *Ann Marie McCarthy*
Editorial/Production Supervision: *Nancy Stevenson*
Line Art Coordinator: *Guy Ruggiero*
Page Layout: *Deborah Woegens*
Cover Design: *Bruce Killmer*
Executive Marketing Manager: *Ilse Wolfe*
Buyer: *Camille Tesoriero*

This book was set in 12/14 Sabon by Prentice Hall Production Services
and was printed and bound by Victor Graphics, Inc. The cover was printed
by Victor Graphics, Inc.

Printed in the United States of America
10 9 8 7 6 5 4 3 2 1

ISBN 0-13-011663-7

Prentice-Hall International (UK) Limited, *London*
Prentice-Hall of Australia Pty. Limited, *Sydney*
Prentice-Hall Canada Inc., *Toronto*
Prentice-Hall Hispanoamericana, S.A., *Mexico*
Prentice-Hall of India Private Limited, *New Delhi*
Prentice-Hall of Japan, Inc., *Tokyo*
Pearson Education Asia Pte. Ltd., *Singapore*
Editora Prentice-Hall do Brasil, Ltda., *Rio de Janeiro*

Contents

Preface

To the student

This *Lab Manual* will help you study on your own to improve your listening skills and become a fluent speaker of Spanish. The *Lab Manual* listening segments and activities correspond to the vocabulary, grammar, and themes that are presented in *Conexiones: Comunicación y cultura*. The recordings that accompany the manual will give you ample opportunities outside of class to listen to authentic and scripted Spanish as it is used by native speakers in a variety of real-life situations.

Each chapter in the *Lab Manual* is divided into the same three sections as the corresponding chapter in your text: *Primera parte, Segunda parte,* and *Síntesis.* The activities in *Primera parte* and *Segunda parte* are organized by the grammatical structures presented in each chapter and use the chapter's vocabulary and themes. The activities in the *Síntesis* sections are based on authentic, engaging clips from Spanish radio and give you an opportunity to hear Spanish as it is presented in the Spanish-speaking world. A series of accompanying activities guides you through the listening segment and helps you to both understand and respond to the information that is presented.

The *Lab Manual* activities feature listening comprehension segments consisting of conversations, descriptions, announcements, and reports that revolve around the theme of your book's chapter. In order to test your comprehension, these segments are accompanied by multiple-choice questions, charts that you fill in, statements that you complete, or questions that you answer. Accompanying pre-listening activities introduce you to the topic and prepare you for the task at hand. You will notice that within each section, the activities gradually progress in their level of difficulty. First you are asked to recognize grammar structures or vocabulary words. Then you are asked to produce those structures or words. Finally you are asked to justify your responses in written Spanish. This progression of activities will help you build your skills and confidence when you listen to and speak Spanish. A ➔ at the beginning of selected activities and a prompt in the recording indicate when you should stop the tape for pre- or post-listening practice.

To accomplish the listening tasks, you do not have to understand every word you hear. Even in your own language, there are many instances in which you do not understand every single word; nevertheless you can follow and comprehend what is being said. The following suggestions will facilitate your understanding of the recorded passages:

1. Read and/or listen to the title and the instructions carefully to get a general idea of the content of the recording.
2. Pause for a moment and think about the topic and try to anticipate what you may hear. Then, listen to the recording once or go directly to the next step.
3. Read the questions, sentences, charts, etc., to familiarize yourself with the task you will complete.

4. Listen to the recording and focus your attention on the answers to the questions.

5. Listen to the segment as many times as necessary to complete the task.

6. Listen to the tapes on different occasions (while driving or doing chores at home) even after you have completed the tasks. You will notice that this exposure to spoken Spanish will help you increase your comprehension.

An answer key at the back of the *Lab Manual* allows you to check your work and your progress in the course.

Prentice Hall has partnered with *Radio Nacional de España* and *Puerta del Sol* to present authentic clips from Spanish radio. Our deep thanks go to *Radio Nacional de España* and *Puerta del Sol* for joining us in this exciting opportunity to present natural speech and engaging topics to students of *Conexiones*.

1 El más allá

1. The preterit tense

1-1. La semana de Agustín. La semana pasada Agustín estuvo tan ocupado que incluso escribió en su agenda varias cosas para hacer el mismo día y a la misma hora. Primero, lee la información que Agustín apuntó y después, escucha la cinta para saber qué es lo que Agustín decidió hacer cada día de la semana pasada. Escucha la cinta tantas veces como sea necesario y después, escribe una frase indicando lo que Agustín hizo cada día.

MODELO: **Tú lees:**   Lunes: ver Expedientes X en casa de Aitor a las 10:00 p.m.
              Tú escuchas: El lunes vi los Expedientes X en casa de Aitor.
              Tú escribes: *El lunes Agustín vio los Expedientes X en casa de Aitor.*

Lunes
ver Expedientes X en casa de Aitor a las 10:00 p.m. (me encanta Dana Scully)

Martes
película de terror en el Bijou a las 8:00 p.m. ¿estudiar en casa? .... ☹

Miércoles
entregar el trabajo para la clase de Tomás. ☹
entregar el trabajo para la clase de literatura. ☹

Jueves
fiesta en casa de Estíbaliz (desde las 9:00 p.m. en adelante) ☺
estudiar para el examen de estadística

Viernes
examen de estadística
¿salir por la noche?

Sábado
dormir hasta tarde
limpiar
preparar comida para la cena (10 invitados a cenar)

Domingo
dormir, dormir y dormir

Martes

_____

Miércoles

_____

Jueves

_____

Viernes

_____

Sábado

_____

Domingo

_____

1-2. La pesadilla de María. Ayer María tuvo una pesadilla terrible. Escucha su relato tantas veces como sea necesario y después, usa la información para poner los hechos en orden cronológico.

_____ 1. María leyó un libro de miedo.

_____ 2. El monstruo se empezó a reir.

_____ 3. María se despertó sudando.

_____ 4. Alguien entró en su cuarto.

_____ 5. El monstruo empezó a llorar.

_____ 6. El monstruo miró fijamente a María.

_____ 7. El monstruo se convirtió en un esqueleto.

_____ 8. María le preguntó qué le ocurría.

2. The imperfect tense

1-3. La curandera. *Bendíceme Última* es una novela del escritor Rudolfo Anaya. Última es una vieja curandera que va a vivir a la casa de Antonio, un niño de 6 años. Los dos se hacen amigos y Última le enseña a Antonio los poderes de las hierbas y de la magia. Con Última, Antonio explora los orígenes de su familia y conoce secretos del pasado pagano de los indígenas. En las siguientes frases, Última le cuenta a Antonio cómo adquirió su conocimiento. Primero, lee las frases en las dos columnas. Después, escucha la cinta tantas veces como sea necesario, y utiliza la información que escuches para determinar qué verbo de la lista debes usar para completar cada frase. Después, lee las oraciones otra vez para ver si son lógicas.

caminar	fortalecer
sumergir	ser
curar	enseñar
respetar	

1. Cuando era niña _____ todos los días para buscar hierbas

2. El Gran Curandero _____ a diferenciar las hierbas buenas de las malas

3. A veces, el Gran Curandero y yo _____ los pies en el río helado

4. Las privaciones _____ el alma

5. La gente del pueblo _____ mucho al Curandero

6. Con su magia y conocimientos _____ a los enfermos

7. El secreto del Curandero _____ hablar poco y escuchar

1-4. Las familias de Anna y Vicente. Anna y Vicente hablan de miembros de sus familias que tienen poderes especiales. Escucha la conversación tantas veces como sea necesario y después, marca cada frase con una **X** en la columna de Vicente o en la de Anna.

		Vicente	Anna
1.	Una amiga imaginaria	_____	_____
2.	Una tía que predecía el futuro	_____	_____
3.	Un tío que hablaba con los extraterrestres	_____	_____
4.	Una experiencia con cosas verdes	_____	_____
5.	Una vecina que era bruja	_____	_____
6.	Pesadillas por las noches	_____	_____

1-5. La historia de Lucía. Escucha el siguiente fragmento sobre lo que Lucía hizo ayer. Después, marca cada frase con una X en la columna correspondiente, indicando Cierto o Falso.

		Cierto	Falso
1.	A Lucía le leyeron las manos ayer.	_____	_____
2.	Lucía creyó todo lo que dijo el adivino.	_____	_____
3.	Lucía conoció a un extraterrestre.	_____	_____
4.	El amigo de Lucía la invitó a cenar.	_____	_____
5.	Lucía estuvo muy contenta ayer.	_____	_____

1-6. Ampliación de vocabulario. En el fragmento anterior hay muchas expresiones que no se aprenden en los libros. Algunas de estas expresiones son:

1. clarito y bien clarito
2. darse cuenta
3. oler mal
4. ser el colmo

Escucha las frases en las que esas expresiones aparecen en el relato de Lucía e intenta adivinar el significado de cada una según su contexto.

1. Clarito y bien clarito: _____

2. Darse cuenta: _____

3. Oler mal: _____

4. Ser el colmo: _____

Algunas de las frases son difíciles de entender sin el contexto de toda la conversación de Lucía. Si es necesario, escucha otra vez todo el relato de Lucía y escribe el significado de las palabras que te falten.

SEGUNDA PARTE

3. Preterit vs. imperfect

NOTE: The ➔ indicates when you should stop the tape for pre- or post-listening practice.
➔1-7. **El susto de Cristina.** A continuación vas a leer una historia sobre lo que le ocurrió a Cristina cuando era pequeña. Completa el siguiente párrafo con la forma correcta del verbo adecuado en el imperfecto, en el pretérito o con los adverbios correspondientes. Utiliza los siguientes verbos y expresiones para completar los espacios en blanco.

ser	dormir	cuando
contar	y	haber
Una noche	ir	entonces

Cuando (1) _____ pequeña a mi hermano le encantaba asustarme. Por eso, él siempre me (2) _____ historias de miedo, y como me gustaban tanto, yo siempre le escuchaba. (3) _____ mi hermano me contó una historia sobre la Santa Compaña de los montes de Galicia, en España. La Santa Compaña está formada por almas que vagan en pena por sus pecados. Mi hermano me contó que, a veces, estas almas se escondían en las camas de las personas para llevárselas mientras (4) _____. Mi hermano decía que todo el que se encontraba con un alma enloquecía inmediatamente (5) _____ se convertía en una de ellas.

Después de escuchar esa historia yo me (6) _____ a la cama a dormir. Y justo (7) _____ estiré los pies en la cama sentí que (8) _____ algo frío y húmedo entre mis piernas. Empezé a llorar y a gritar hasta que mis padres vinieron a mi cuarto para ver qué pasaba. (9) _____ descubrieron el motivo de mi susto, que sólo era una camiseta mojada que mi hermano había escondido en mi cama ¡Qué susto!

1-8. **Leyendas.** Escucha las siguientes oraciones e identifica si los verbos están en el pretérito o en el imperfecto. Escucha la cinta tantas veces como sea necesario y después, explica cuál es la razón de tu elección.

MODELO: **Tú escuchas:** Era una noche clara, las estrellas estaban en el cielo y la luna lucía clara.

Tú escribes: *era; imperfecto porque hace referencia a tiempo*
estaban; imperfecto porque es una descripción
lucía; imperfecto porque es una descripción

1. _____

_____

2. _____

_____

3. _____

_____

4. _____

_____

5. _____

_____

6. _____

_____

7. _____

_____

1-9. La muerte anda por la calle. Escucha el siguiente fragmento tantas veces como sea necesario y después, responde a las siguientes preguntas.

1. La historia se desarrolla en
   a. una noche tranquila.
   b. una noche fría.
   c. una tarde desapacible.

2. La mujer andaba por la calle
   a. con miedo.
   b. deprisa.
   c. a oscuras.

3. En una esquina apareció
   a. un borracho.
   b. una mujer.
   c. una figura.

4. La mujer
   a. se defendió de la persona.
   b. esperó a la persona.
   c. huyó de la persona.

5. La figura
   a. estaba desfigurada.
   b. llevaba una máscara.
   c. era horrible.

6. La figura
   a. mató a la mujer.
   b. le entregó algo.
   c. le quitó el dinero.

7. El personaje misterioso era
   a. la muerte.
   b. un ladrón.
   c. un asesino.

SÍNTESIS

⊕1-10. **Antes de escuchar.** Antes de escuchar los siguientes fragmentos, contesta las siguientes preguntas para averiguar cuánto sabes ya sobre el Romancero español.

1. ¿Qué tipo de literatura existía antes de la invención de la imprenta?

_____

_____

2. ¿Cómo se transmitía esa literatura?

_____

_____

_____

3. ¿Cuáles eran algunos de los temas más comunes en este tipo de literatura?

_____

_____

1-11. Mientras escuchas. El fragmento que vas a escuchar trata sobre mujeres asesinas en el Romancero español. El Romancero es una serie de romances, historias cantadas, que hablan sobre temas como guerras y venganzas. Uno de los temas más interesantes es el de las mujeres asesinas. A continuación vas a escuchar un fragmento sobre las mujeres asesinas del Romancero. Escucha la información de cada fragmento tantas veces como sea necesario, y completa la tabla siguiente con los datos necesarios.

NOMBRE	El veneno de Moriana	c.	f.
NOMBRE POPULAR	a.	d.	una mujer que mata a sus amantes después de hacer el amor con ellos
TEMA	b.	una mujer que ansía matar a los hombres de una determinada casta	✕
¿DE DÓNDE ES LA CANCIÓN?	✕	e.	Pueblo Gaditano de las Canchorreras

1-12. Por fragmentos.

Primera parte

1. Ahora, escucha el **Fragmento A** otra vez y responde a las siguientes preguntas.

a. ¿Cuántos romances existen sobre mujeres asesinas?

_____

b. Define a las mujeres asesinas del Romancero, con tus propias palabras.

_____

_____

_____

Segunda Parte

2. Ahora escucha el **Fragmento B** otra vez, y contesta las siguientes preguntas:

a. ¿Cuál es el origen del tema de la matadora?

_____

_____

b. ¿Qué piensas de la música que acompaña a algunos de estos romances?

_____

_____

_____

2 La tecnología y el progreso

PRIMERA PARTE

1. Uses of *ser*, *estar*, and *haber*

⊕**2-1. La contaminación.** Completa las siguientes oraciones con la forma correcta del verbo **ser**, **estar** o **haber** según corresponda.

Hoy en día, el tema de la contaminación (1) _____ un tema actual que preocupa a

todos. Hace unos años no (2) _____ preocupación social, pero ahora, gracias a las

continuas campañas que (3) _____ en la televisión, en la radio y en los medios de

comunicación en general, todo el mundo (4) _____ convencido de que éste es un

problema de todos. La contaminación que afecta a la capa de ozono no (5) _____ un

problema de coches y fábricas. (6) _____ que darse cuenta de que nosotros en nuestras

casas (7) _____ responsables de los desperdicios que creamos y de cómo los tratamos.

2-2. La campana molesta. Estás escuchando un programa en la radio que trata sobre la gasolina pero cada vez que alguien dice alguna de las formas del verbo **ser**, **estar** o **haber** hay una campana que no te deja escuchar. Escribe cuál es el verbo que falta en cada frase y después, explica el por qué de tu elección

MODELO: **Tú escuchas:** La gasolina *(ring)* un producto que no tiene el mismo precio en todos los países.
   Tú escribes: *es, porque el verbo* ser *describe la gasolina.*

1. _____

2. _____

3. _____

4. _____

5. _____

6. _____

7. _____

8. _____

9. _____

2. The future tense

⊕2-3. **Negociaciones.** Carmen y Cristina son amigas, pero son muy diferentes. Carmen siempre es optimista respecto al medio ambiente y piensa que para el año 2050 todos los problemas se habrán solucionado. Cristina es muy pesimista y siempre contradice a Carmen. Lee las frases que dice Carmen, y después escribe la respuesta que Cristina le daría.

MODELO: **Carmen:** El problema de la capa de ozono va a terminar para el año 2050.
   Cristina: *El problema de la capa de ozono no terminará para el año 2050.*

1. Carmen: Las fábricas no van a contaminar más en el año 2050.

    Cristina: _____

2. Carmen: Los desperdicios no van a causar más problemas en los ríos en el 2050.

    Cristina: _____

3. Carmen: El mar va a estar más limpio para el año 2050.

    Cristina: _____

4. Carmen: Las máquinas van a producir menos desechos en el 2050.

    Cristina: _____

5. Carmen: Las empresas se van a preocupar por el medio ambiente en el 2050.

    Cristina: _____

2-4. El mes sobre el medio ambiente. Este mes la universidad ha organizado una serie de cursos y seminarios sobre el medio ambiente y sobre los problemas de la contaminación. Escucha la siguiente conversación entre Gustavo y Patricia tantas veces como sea necesario. Después, escribe en el calendario la fecha de cada conferencia y el tema que va a tratar cada una.

NOVIEMBRE						
LUNES	**MARTES**	**MIÉRCOLES**	**JUEVES**	**VIERNES**	**SÁBADO**	**DOMINGO**
		1	2	3	4	5
6	7	8	9	10	11	12
13	14	15	16	17	18	19
20	21	22	23	24	25	26
27	28	29	30			

2-5. La tecnología copia el mundo real. La biónica usa la naturaleza como fuente de inspiración para la creación de elementos que usamos en la vida cotidiana. Por ejemplo, las agujas de las inyecciones son una imitación de las trompas de las moscas y las lámparas que tenemos en las mesas son copia del brazo humano. ¿Sabes de dónde viene la idea de los cascos para las motos?

En el siguiente diálogo Jorge y Gabriela hablan sobre esta relación. Escucha atentamente tantas veces como sea necesario y marca la respuesta adecuada según lo que dicen.

1. El mundo tecnológico es
   a. completamente original.
   b. superior a la naturaleza.
   c. copia de la naturaleza.

2. La idea de los cascos de las motos viene
   a. del carbón.
   b. del cristal.
   c. de la tortuga.

3. Físicos y biólogos trabajan
   a. para copiar mejor a la naturaleza.
   b. juntos para superar a la naturaleza.
   c. en distintas áreas de la naturaleza.

4. Con el tiempo la tecnología
   a. sucumbirá ante la naturaleza.
   b. superará a la naturaleza.
   c. será copia exacta de la naturaleza.

5. La actitud de Jorge hacia lo que dice Gabriela es de
   a. interés.
   b. ironía.
   c. aburrimiento.

6. Gabriela piensa que el tema es
   a. interesante.
   b. aburrido.
   c. una pérdida de tiempo.

➔**2-6. Ampliación de vocabulario.** Si no has podido entender todas las palabras del fragmento anterior ¡no importa! Lee las siguientes palabras y expresiones e intenta descifrar su significado con ayuda del contexto. Si es necesario, escucha de nuevo la conversación de la actividad anterior.

1. aprovechar: _____

2. conservan: _____

3. obtendrá: _____

4. fuente de inspiración: _____

5. resistentes: _____

6. duraderos: _____

7. caracol: _____

3. The Spanish subjunctive in noun clauses

2-7. La tecnología en la casa. Escucha las siguientes frases tantas veces como sea necesario y después, clasifica cada frase bajo una de las siguientes categorías, según corresponda.

	HECHO REAL	DUDA/ NEGACIÓN	EMOCIÓN	EXPRESIÓN IMPERSONAL	VOLUNTAD
1.					
2.					
3.					
4.					
5.					
6.					
7.					
8.					
9.					

2-8. El cine y la realidad. A continuación vas a escuchar una serie de ideas incompletas. Escucha la cinta tantas veces como sea necesario y usa la información que escuches para determinar si el verbo necesario para completar cada frase debe ir en el subjuntivo o en el indicativo. Explica la razón de tu elección.

MODELO: **Tú escuchas:** La película *Acción civil* con John Travolta trata sobre una fábrica que produce residuos tóxicos y contamina el agua de la zona. Esta película está teniendo mucho éxito. Sí, pero seguro que. . .
Tú lees: (contar)
Tú escribes: *indicativo, porque es algo seguro.*

1. (decir) _____

2. (no preocuparse) _____

3. (cambiar) _____

4. (darse cuenta) _____

5. (poder disfrutar) _____

2-9. Las computadoras y los niños. Las computadoras son parte de nuestra vida y casi no podemos imaginarnos la vida sin ellas. Ahora vas a escuchar un fragmento sobre los efectos que las computadoras y el mundo de la cibernética en general, tienen en nosotros. Escucha el siguiente texto tantas veces como sea necesario y después, marca cada frase con una **X** en la columna correspondiente.

		Cierto	**Falso**
1.	El uso de los videojuegos y del Internet está sustituyendo a los juegos tradicionales.	_____	_____
2.	Los niños llenan la falta de relaciones personales con los videojuegos y la computadora.	_____	_____
3.	Los padres consideran que la computadora es el equivalente moderno de los juegos tradicionales.	_____	_____
4.	Las personas tímidas esconden su timidez en el anonimato de la computadora.	_____	_____
5.	Aquéllos que pasan mucho tiempo jugando con computadoras y con el Internet tienden a ser violentos.	_____	_____
6.	Los expertos están preocupados por el uso constante de la computadora.	_____	_____

➔**2-10. Y ahora tú.** Con base en el texto de la actividad anterior responde a las siguientes preguntas, con tus propias palabras.

1. ¿Qué piensan los padres sobre el uso de la computadora por parte de los hijos?

_____

2. ¿Por qué crees que a los adolescentes les gusta el Internet?

_____

3. ¿Cuáles son los beneficios de los videojuegos?

_____

4. ¿Cúales son los inconvenientes de los juegos de computadora?

_____

5. ¿Cuál es la mejor solución en cuanto al uso de la computadora?

_____

6. ¿Por qué crees que padres y expertos consideran necesario el juego tradicional?

_____

SÍNTESIS

➔2-11. **Antes de escuchar.** Para ayudarte a comprender mejor el texto que escucharás en la próxima actividad, ahora tienes que determinar cuánto sabes sobre las energías alternativas. Lee las siguientes oraciones y marca la respuesta adecuada en cada caso.

1. La energía propuesta para suplantar a la energía tradicional se llama energía
   a. diferencial.
   b. alternativa.
   c. carbónica.

2. Un combustible que empezó a usarse hace dos siglos para la locomoción es
   a. el aceite.
   b. el petróleo.
   c. la electricidad.

3. La energía que aprovecha el calor del sol es la
   a. sólica.
   b. solar.
   c. térmica.

4. La energía que aprovecha el viento es la
   a. eólica.
   b. vientera.
   c. ventera.

5. La energía que no se agota y se renueva constantemente se llama
    a. no mortal.
    b. renovable.
    c. inacabable.

2-12. Mientras escuchas. Esta actividad está dividida en varias partes. Primero escucha el fragmento completo y responde a la primera pregunta.

1. Escucha atentamente el texto e identifica las ideas principales. Después, escríbelas con tus propias palabras.

_____

_____

Primera parte

Fragmento A. Ahora vuelve a escuchar el **Fragmento A** y responde a las siguientes preguntas.

2. ¿Cuáles son los tipos de energías que se proponen?

_____

3. ¿Cuáles son las ventajas y desventajas de las energías renovables?

_____

Segunda parte

Fragmento B. Ahora vuelve a escuchar el **Fragmento B** y responde a la pregunta.

4. La energía solar tiene las ventajas de las energías renovables. Sin embargo, también tiene desventajas. ¿Cuáles son?

_____

_____

_____

⊕2-13. Después de escuchar. ¿Cuál es tu impresión del tipo de energía alternativa que se presenta en estos fragmentos? ¿Crees que tiene futuro? ¿Por qué?

_____

_____

_____

_____

3 Los derechos humanos

1. The subjunctive with impersonal expressions

3-1. Violencia en el hogar. María ha participado en unas conferencias sobre la violencia doméstica que sufren las mujeres. Escucha lo que dice María tantas veces como sea necesario. Después, completa las oraciones según el modelo.

MODELO: **Tú escuchas:** He estado en una conferencia sobre la violencia que algunas mujeres sufren en el hogar.
          Tú lees: ¡Es increíble que (existir)_____!
          Tú escribes: *¡Es increíble que exista violencia en el hogar!*

1. **Tú:** Es horrible que (no denunciar) _____.

2. **Tú:** ¡Es increíble que (suceder) _____!

3. **Tú:** ¡Es probable que (ayudar) _____!

4. **Tú:** Es cierto que (hacer) _____.

5. **Tú:** Es indudable que (ser difícil) _____.

3-2. Paz en el mundo. En esta actividad vas a escuchar una serie de frases con expresiones impersonales. Primero, escucha la cinta tantas veces como sea necesario. Después, escribe el verbo principal de cada frase e indica si es indicativo o subjuntivo. Explica la razón de tu elección.

MODELO: **Tú escuchas:** Es dudoso que alguna vez se llegue a una paz total en el mundo.
          Tú escribes: *llegue, subjuntivo porque expresa duda.*

1. _____

2. _____

3. _____

4. _____

5. _____

6. _____

7. _____

3-3. Derechos humanos en el mundo. En los periódicos continuamente escuchamos noticias de las violaciones de los derechos humanos. Estas violaciones han sido un elemento constante durante este siglo. Alemania, Argentina y Chile son sólo algunos de los países que han padecido estos males. Éste es el tema del siguiente fragmento. Escucha la cinta tantas veces como sea necesario. Después, marca la respuesta correcta en cada pregunta según la información dada.

1. En este siglo se han producido
   a. algunas violaciones de los derechos humanos.
   b. muy pocas violaciones de los derechos humanos.
   c. las peores violaciones de los derechos humanos.

2. Alemania, Argentina y Chile son
   a. sólo muestras de terror en el mundo.
   b. los únicos casos de terror en este siglo.
   c. son los peores casos de terror en el mundo.

3. El Tribunal Penal Institucional juzgará
   a. dictadores.
   b. genocidios y escándalos económicos.
   c. todo tipo de crimen contra la humanidad.

4. El Tribunal Penal Institucional funciona
   a. desde 1998.
   b. desde 1994.
   c. para casos excepcionales.

5. Las masacres en nombre de la pureza de sangre son
   a. un acto del pasado.
   b. un acto con los días contados.
   c. un acto del presente.

➔**3-4. Reflexiones.** A continuación vas a tener oportunidad de dar tu opinión sobre algunos aspectos del fragmento que acabas de escuchar.

1. En el fragmento de la actividad anterior se habla de injusticias que ocurrieron no hace mucho o que están ocurriendo todavía. ¿Puedes decir cuáles son?

_____

_____

_____

_____

2. ¿Hay alguna forma de terminar con los abusos de los derechos humanos? ¿Cuáles son tus recomendaciones para acabar con este problema?

_____

_____

_____

_____

SEGUNDA PARTE

2. Direct and indirect object pronouns and the personal *a*

3-5. Injusticia en el mundo. Lee las siguientes frases e identifica el objeto directo o indirecto en cada una. Después, vuelve a escribir la frase sustituyendo el objeto directo o indirecto por su pronombre. ¡Ojo! Algunas frases pueden tener ambos objetos, directo e indirecto. Al final, escucha la cinta y compara las frases que escuches con las que tú has escrito, para ver si son correctas.

MODELO: **Tú lees:** Durante muchos años numerosos países han sufrido la violencia.
  Tú escribes: *objeto directo: la violencia*
  *Durante muchos años numerosos países **la** han sufrido.*

1. El periodista le mandó una carta al presidente para terminar con la censura.

   _____

   _____

2. El presidente va a publicar la carta esta semana.

   _____

   _____

3. Los medios de comunicación quieren entrevistar a Milosevic en agosto.

   _____

   _____

4. Milosevic no quiere terminar la guerra.

   _____

   _____

5. Los países aliados quieren garantizar los derechos humanos en todo el mundo.

   _____

   _____

3-6. Reacción a la declaración de los derechos humanos. A continuación vas a escuchar una serie de frases que incluyen un pronombre de objeto directo o indirecto. Escucha la cinta tantas veces como sea necesario y después, marca la respuesta correcta para cada frase.

1. se   los   la   las

2. los   nos   la   se

3. los   lo   le   te

4. las   se   me   los

5. nos   se   me   los

3. *Gustar* and similar verbs

⊕3-7. **Garzón y Pinochet.** Armando y José son amigos, pero uno es opuesto al otro. Armando es optimista y todo le parece bien y José es pesimista, siempre está enfadado y no le gusta nada. A continuación escucha un diálogo que ellos tienen en un café. Usa los verbos indicados para completar los espacios en blanco. ¡Ojo! No uses el mismo verbo más de una vez.

hace falta	me cae mal	me cae bien	me fascina
me parece	queden	interesa	

José: ¿Has leído el artículo sobre Pinochet? Ya verás como al final no va a la cárcel.

Ese hombre(1) _____.

Armando: No, ya verás como hacen algo. El juez Garzón hará algo para que todo salga

bien. Ese hombre (2) _____.

José: La verdad es que ese juez es bueno. (3) _____ que es un hombre de

principios claros. Estoy seguro de que Pinochet morirá antes de que le pase algo.

De todas maneras no creo que le (4) _____ muchos años de vida.

Armando: ¡Qué no, José! Pero siguiendo con el juez español, para ser capaz de pedir una

extradición así (5) _____ coraje. ¿Sabes que en Chile hacen chistes de

Pinochet y de Garzón?

José: Lo único que le (6) _____ a la gente es hacer chistes y nada más.

3-8. Me gusta y me disgusta. A continuación vas a oír una serie de frases. Escúchalas tantas veces como sea necesario y después, escribe el verbo que vaya mejor con cada frase en el espacio indicado.

caer mal	molestar	caer bien
impresionar	faltar	parecer

1. _____

2. _____

3. _____

4. _____

3-9. Las mujeres en el mundo del trabajo. Hoy en día es habitual ver a la mujer en el mundo del trabajo. Sin embargo, no siempre ha sido así. Éste es el tema del fragmento que vas a escuchar. Escucha la cinta tantas veces como sea necesario y después, marca la respuesta correcta para cada pregunta según la información.

1. La discriminación de la mujer se da
   a. sólo en las normas de comportamiento.
   b. en todos los aspectos de la vida diaria.
   c. sólo en el trabajo.

2. Hoy en día nos parece extraño encontrar
   a. mujeres amas de casa.
   b. profesoras, enfermeras y secretarias.
   c. físicas, ingenieras y astronautas.

3. La discriminación de la mujer en el trabajo es
   a. un hecho del pasado.
   b. un hecho actual.
   c. un hecho ficticio.

4. Tradicionalmente la enseñanza fue un trabajo de
   a. hombres.
   b. hombres y mujeres.
   c. mujeres.

5. En el siglo XIX la mujer vio en la enseñanza
   a. una forma de independencia.
   b. una ayuda al salario familiar.
   c. una forma de mantener relaciones sociales.

⊕3-10. **Reflexiones.** Ahora, utiliza la información que escuchaste en la actividad anterior para contestar las siguientes preguntas.

1. Explica por qué la mujer eligió el mundo de la enseñanza como forma de trabajo.

   _____

   _____

   _____

2. En tu opinión, ¿crees que la enseñanza es un trabajo de mujeres o de hombres? ¿Por qué?

   _____

   _____

   _____

3. Describe brevemente algún caso en el que tú hayas visto la discriminación en el trabajo por razones de raza, sexo o religión.

   _____

   _____

   _____

SÍNTESIS

⊕3-11. **Antes de escuchar.** Antes de escuchar un fragmento de noticias sobre los niños desaparecidos en Argentina, completa el siguiente crucigrama con las palabras correctas de la tabla, según las definiciones.

| represalia | tribunal | presos | delito | inmunidad |
| disidente | dictadura | ley | dictamen | fiscal |

1. Persona o conjunto de personas que juzgan

2. Decisión, informe legal final que el juez toma en un caso

3. Personas que viven en prisiones

4. Crimen, ofensa, acto en contra de la ley

5. Régimen político tiránico

6. Persona que acusa al preso

7. Norma de la justicia

3-12. Mientras escuchas. En este fragmento se habla de Argentina y de algunas de las consecuencias de la dictadura que sufrió el país desde 1976 hasta 1982. Escucha el fragmento tantas veces como sea necesario y después, organiza las siguientes frases en orden lógico.

_____ Los niños desaparecidos viven con familias adoptivas.

_____ Se presentó una acusación, una querella, en contra de los militares.

_____ Militares y personas afines a la dictadura raptan a los hijos de los presos.

_____ Los niños nunca descubren quiénes son sus padres verdaderos.

_____ El caso de los niños desaparecidos será investigado.

4 El individuo y la personalidad

1. Reflexive constructions

4-1. El señor Domínguez. El señor Domínguez es el peluquero y barbero de un pueblo. A continuación vas a escuchar qué hace en un día normal. Escucha la cinta tantas veces como sea necesario y después, marca a quién le hace cada acción el Sr. Domínguez, según las indicaciones de la tabla.

	a sí mismo	a los hombres	a las mujeres
despertar			
levantar			
duchar			
afeitar			
poner			
peinar			
lavar			
secar			
maquillar			

4-2. Los novios. Gloria y Miguel son novios. Aquí Miguel nos cuenta la historia de cómo se conocieron. Junta los verbos de la columna de la izquierda con los finales de frase de la columna de la derecha y escribe tu historia en el espacio indicado. Después, escucha la cinta tantas veces como sea necesario y compara la historia de Miguel con la tuya.

(nosotros) conocerse. . .	desde el primer momento
(yo) enamorarse. . .	cartas de amor
(ella) llevar. . .	todos los días
(nosotros) llevarse bien. . .	inmediatamente
(nosotros) verse. . .	un vestido de flores pequeñitas
(nosotros) darse. . .	por teléfono constantemente
(nosotros) llamarse. . .	el primer beso debajo de un árbol
(nosotros) escribirse. . .	

La historia comienza con. . .
Cuando Gloria y yo nos conocimos, fue una ocasión muy especial.

1. _____

2. _____

3. _____

4. _____

5. _____

6. _____

7. _____

4-3. Una historia de Carmen. Isabel está contando una historia de su hermana Carmen cuando era pequeña. Escucha el siguiente fragmento tantas veces como sea necesario y responde a las preguntas.

1. Cuando Carmen tenía siete años vivía
   a. con sus padres y sus hermanas.
   b. con sus hermanas.
   c. en la Rioja.

2. Carmen vestía
   a. siempre muy bien.
   b. a veces no muy bien.
   c. siempre muy mal.

3. Por las noches Carmen se cepillaba el pelo
   a. un ratito porque no le gustaba.
   b. a veces cuando veía la televisión.
   c. cien veces antes de ir a dormir.

4. Cuando tenía once años, Carmen
   a. se enojó con sus amigas.
   b. se enamoró de un chico.
   c. se compró maquillaje.

5. Carmen se enfadó con Javier por
   a. hablar con una chica con maquillaje.
   b. salir con sus amigos.
   c. no ir al parque con ella.

6. Javier se enfermó
   a. de amor.
   b. de chocolate.
   c. de llorar.

SEGUNDA PARTE

2. Agreement, form, and position of adjectives

4-4. La fiesta de ayer. Ayer Neli y Clara estuvieron en una fiesta. Ahora están hablando sobre las personas que conocieron allí, sobre la comida y sobre las conversaciones que tuvieron con la gente. Escucha su diálogo tantas veces como sea necesario y relaciona las siguientes personas y cosas con los adjetivos que les correspondan.

____	1. Neli	a)	valiente
____	2. fiesta	b)	tenaz
____	3. Martín	c)	afligido/a
____	4. Juan	d)	vanidoso/a
____	5. Marta	e)	costarricense
____	6. Paz	f)	cansado/a
____	7. Carlos	g)	bueno/a
____	8. comida	h)	divertido/a

____ 9. Marisa   i)   desenvuelto/a

____ 10. Susi   j)   inquieto/a

____ 11. Arturo   k)   sensible

4-5. Las dos amigas. Doña Elvira y doña Pilar son dos buenas amigas. Aquí tienes unos dibujos de las dos mujeres. Escribe debajo de cada persona los adjetivos de la caja que la describe. Después, escucha la cinta para verificar tus respuestas.

grande	parecer dichosa	elegante
alta	parecer desfortunada	pequeña
llevar una chaqueta vieja	tener muchos recuerdos	delgada
llevar una chaqueta nueva	rebelde	pobre mujer

3. The past participle and the present perfect tense

4-6. ¿Han vuelto de viaje? Los padres de Luis y Manuel han estado de vacaciones por dos semanas. Ellos vuelven mañana y la casa está toda sucia y desordenada. Luis y Manuel tienen que limpiarla ahora, pero los dos tienen un día muy ocupado y es difícil llegar a un acuerdo. Ahora, Luis está en la calle haciendo unos encargos (*errands*) y llama por teléfono a Manuel. Escucha la conversación tantas veces como sea necesario y después, marca en la tabla lo que ha hecho cada uno y lo que tienen que hacer.

	Luis	Manuel
comprar café y leche		
sacar dinero del banco		
limpiar los cuartos		
limpiar el baño		
hacer las camas		
preparar la comida		
arreglar las sillas		
pedir la cola a los vecinos		
comprar flores		

4-7. Un mal día. Marina ha tenido un día muy difícil y se lo está contando a Irene. Antes de escuchar la conversación empareja las frases de la caja A con las frases de la caja B para formar una conversación. Después, escucha la cinta tantas veces como sea necesario y comprueba si tus frases coinciden con la información que escuchas.

Caja A

1. He tenido un día malísimo.

2. Me he caído al suelo cuando salía de casa.

3. He descubierto que mis gafas estaban rotas.

4. He puesto pegamento (*glue*) en las gafas.

5. He descubierto que el seguro médico no paga por eso.

Caja B

_____ a) ¿Qué te ha pasado hoy?

_____ b) ¿Y ha funcionado?

_____ c) Te has roto los pantalones.

_____ d) Nos han mentido los del seguro médico.

_____ e) ¿Cómo has visto las preguntas del examen?

4-8. Raúl. Marcos y Arcea hablan sobre el accidente de una persona a la que ellos conocen, Raúl. Escucha la conversación tantas veces como sea necesario y contesta a las siguientes preguntas.

1. Raúl está en el hospital por
    a. los nervios.
    b. un accidente de coche.
    c. una operación.

2. La pasión de Raúl es
    a. el trabajo y hacer la vida difícil a los demás.
    b. el trabajo y el dinero.
    c. hacer la vida imposible a los demás y el dinero.

3. El mayor valor de Raúl es
    a. el trabajo.
    b. el amor.
    c. el dinero.

4. Eva encontró a Raúl en
    a. su cuarto.
    b. en la cocina.
    c. en el cine.

5. El último negocio de Raúl consistía en
    a. hacer una buena acción.
    b. construir aviones.
    c. ganar mucho dinero.

6. Arcea y Marcos piensan que Raúl es
    a. una buena persona.
    b. un sinvergüenza.
    c. un idiota.

4-9. Impresiones. Usa la información que escuchaste en la actividad anterior para responder a las siguientes preguntas con tus propias palabras. Recuerda que puedes volver a escuchar el diálogo tantas veces como sea necesario.

1. ¿Qué piensan Arcea y Marcos de Raúl?

_____

2. ¿Qué piensa Marcos de Eva?

_____

3. ¿Qué piensan Marcos y Arcea del negocio fracasado de Raúl?

_____

4. ¿Creen Marcos y Arcea que Raúl va a cambiar después de esta mala experiencia?

_____

SÍNTESIS

➔4-10. **Antes de escuchar.** ¿Qué conoces de la cultura hispana? ¿Conoces a algún pintor, escritor, cantante, poeta, director de cine, actor, modelo, diseñador de modas? Enlaza los siguientes personajes con una nacionalidad y una profesión.

___ ___ 1. Frida Kahlo   a) colombiano/a   A. diseñador/a de moda

___ ___ 2. Gabriel García Márquez   b) español/a   B. cantante

___ ___ 3. Antonio Banderas   c) cubano/a   C. actor/actriz

___ ___ 4. Víctor Jara   d) dominicano/a   D. escritor/a

___ ___ 5. Gloria Estefan   e) mexicano/a   E. pintor/a

___ ___ 6. Oscar de la Renta   f) argentino/a   F. tenista

___ ___ 7. Gabriela Sabatini   g) chileno/a   G. cantautor/a

4-11. **Mientras escuchas.** A continuación vas a escuchar un fragmento sobre varias figuras destacadas de la cultura española. Escucha el fragmento tantas veces como necesites y después, completa la tabla que aparece.

Primera parte

1.

	Pablo Picasso	Juan Ramón Jiménez	Calderón de la Barca	Santa Teresa de Ávila
lugar de nacimiento	Málaga	d.	——	h.
obra	a.	e.	*Amor, honor y poder* *La vida es sueño*	——
profesión	b.	poeta	g.	i.
hecho destacado	c.	f.	vida misteriosa	reformadora de la orden de los carmelitas fundadora de conventos

2. A pesar de vivir en diferentes siglos todos estos personajes tuvieron algo en común en el año de 1981. ¿Sabes qué es?

_____

Segunda parte

A continuación vas a escuchar una poesía de Santa Teresa. Escucha la poesía cuantas veces sea necesario y escribe qué significado tiene para ti y por qué. Las poesías tienen diferentes significados para cada persona así que no tengas miedo de expresar lo que piensas.

_____

_____

_____

_____

_____

_____

➔4-12. **Después de escuchar.** Todo el mundo ha escrito poesía alguna vez. ¿Has escrito tú poesía? ¿Cuál era el tema? ¿Te gusta la poesía? Razona tu respuesta.

_____

_____

_____

5 Las relaciones personales

1. The subjunctive vs. the indicative in adjective clauses

➔5-1. **Consejero matrimonial.** Los señores Pelayo tienen problemas matrimoniales. Ahora están visitando a un consejero matrimonial. Cada uno le dice qué es lo que busca, necesita y espera de su pareja. Escribe frases completas indicando lo que el Sr. y la Sra. Pelayo le dicen al consejero. Usa los verbos indicados en el tiempo apropiado para cada situación.

Señor Pelayo	Señora Pelayo
reírse de mis chistes (jokes)	traer el desayuno a la cama
no pelear conmigo	escuchar cuando le cuento algo
ser una persona sensible	tener celos cuando hablo con otros hombres
ser dominante	salir a cenar y hablar toda la noche

(no) buscar	(no) necesitar	(no) querer	(no) gustar

MODELO: *Necesito una persona que me escuche.*

Señora Pelayo

1. _____

2. _____

3. _____

4. _____

Señor Pelayo

1. _____

2. _____

3. _____

4. _____

5-2. Se busca pareja. Andrés tiene varios amigos, Simón, Juan, Ángel, Elena y Sofía, que se quejan porque no tienen pareja y están solos. Ahora Andrés está leyendo la sección de contactos del periódico para encontrar una solución. Andrés ha hecho una descripción de sus amigos y de lo que cada uno desea. Lee los anuncios de periódico, escucha la cinta tantas veces como sea necesario y decide qué persona en los anuncios es la más adecuada para cada uno de los amigos de Andrés.

a. **Mujer soltera, 30 años,**

busca hombre de la misma edad para salir a cenar, tener buena conversación, salir a bailar y compartir ratos especiales. No compromiso. Solamente amistad y diversión.

b. **Joven de 26 años**

busca a la mujer de su vida. Persona tranquila, romántica, le gusta viajar a países exóticos, románticos en donde el amor vive para siempre . . . desayunos en la cama, rosas rojas, sorpresas agradables . . . todo eso es mi especialidad cuando me enamoro de verdad.

c. **30 años, soltero,**

le gusta bailar y pasarlo bien. Busca compañía para ir al teatro, a conciertos y al cine. Le gusta tomar café y la buena conversación con una copa de cognac, le gusta cocinar y rodearse de muchos amigos.

d. **40 años, seria,**

con trabajo y buen sueldo, formal pero con sentido del humor. Viuda, madre de dos niños de 10 y 12 años, busca pareja para compartir su vida. Por favor, no respondan aquellos que no tengan fines matrimoniales serios.

e. **38 años, divorciada.**

Odio a los machistas como mi exmarido. Enérgica, opiniones propias, pero a la vez capaz de conversar plácidamente sobre variedad de temas.

1. Sofía _____
2. Simón _____
3. Juan _____
4. Ángel _____
5. Elena _____

5-3. El consultorio de doña Consuelo. Vas a escuchar un fragmento del programa de radio de Dña. Consuelo. Ella tiene un consultorio sentimental y responde a las cartas de sus oyentes por la radio. Escucha la cinta tantas veces como sea necesario y después, marca la respuesta correcta según la información que escuchas.

1. La carta que lee doña Consuelo es de
   a. un oyente del programa.
   b. una amiga suya.
   c. un hombre desesperado.

2. La carta es de
   a. desengaño.
   b. amor.
   c. desamor.

3. La relación que se describe en la carta es entre
   a. un hombre y una mujer.
   b. un hombre y un hombre.
   c. una mujer y una mujer.

4. Según la carta que lee doña Consuelo las personas
   a. se conocen superficialmente.
   b. no se conocen.
   c. son muy amigas.

5. Doña Consuelo piensa que el problema
   a. es difícil.
   b. es muy común.
   c. no tiene solución.

6. Doña Consuelo le dice a la persona que
   a. busque el momento adecuado.
   b. se olvide de ese amor.
   c. es un amor imposible.

⊙5-4. **Impresiones.** Con base en la información que escuchaste en la actividad anterior, responde a las siguientes preguntas.

1. Después de escuchar la voz de doña Consuelo, ¿cómo te imaginas que es ella? (alta, baja, delgada, gorda, joven, vieja...)

_____

_____

2. ¿Cómo te imaginas que es la persona que escribe la carta? (alta, baja, delgada, gorda, joven, vieja, tipo de trabajo, sueldo...).

_____

_____

3. ¿Por qué crees que la gente escribe cartas en busca de ayuda a los consultorios sentimentales?

_____

_____

4. Escribe en los siguientes cuadros cuáles son las cosas positivas, ventajas, y las negativas, desventajas, de trabajar en un consultorio sentimental.

Ventajas	Desventajas

5. ¿Te gustaría trabajar en un consultorio sentimental? Razona tu respuesta.

_____

_____

2. The future perfect and pluperfect tenses

5-5. Dentro de unos años. Carmen, que tiene 20 años, es una chica muy organizada. Ahora está haciendo planes para el resto de su vida y calculando lo que habrá hecho dentro de unos años. Combina la información de la columna de la izquierda con la de la derecha para formar oraciones que indiquen lo que Carmen habrá hecho para cada fecha. Recuerda que las frases deben seguir un orden lógico.

(no) terminar de estudiar	2013
(no) tener 3 hijos	2009
(no) trabajar en un hospital	2024
(no) vivir un apasionado romance con un amante	2015
(no) conocer la pasión	2002
(no) tener nietos	2030
(no) perder todo el dinero en un juego de azar	2059

MODELO: **Tú ves:** (no) casarse   2006
         Tú escribes: *Para el año 2006 (no) me habré casado.*

1. _____

2. _____

3. _____

4. _____

5. _____

6. _____

7. _____

5-6. La vida de Maite Zúñiga. Éste es un fragmento sobre la vida de Maite Zúñiga. En cada frase vas a escuchar dos verbos. Después de escuchar la cinta tantas veces como sea necesario, marca los verbos en cada frase de la siguiente forma:

a) Si el verbo está en el infinitivo o en el pasado simple, escribe un **1** junto al verbo.

b) Si el verbo está en el pretérito pluscuamperfecto, escribe un **2** junto al verbo.

MODELO: **Tú lees:** vivir en Madrid _____ vivir en San Sebastián _____

Tú escuchas: Antes de vivir en Madrid, mis padres habían vivido en San Sebastián.

Tú escribes: vivir en Madrid ____1____
vivir en San Sebastián ____2____

1. vivir 20 años en Madrid _____ nacer _____

2. ir a la escuela _____ estudiar mis hermanos _____

3. ir a la universidad _____ cumplir 15 años _____

4. enseñar a conducir _____ tener 18 años _____

5. comprar un coche _____ trabajar mucho _____

3. Comparisons with nouns, adjectives, verbs and adverbs, and superlatives

5-7. Comparando. A continuación vas a escuchar unos fragmentos en los que se comparan personas, animales o cosas. Escucha la cinta tantas veces como sea necesario y escribe una comparación usando una sola frase con las palabras que aparecen en el cuadro.

MODELO: **Tú escuchas:** Mi madre tiene 60 años. Mi tía tiene 62 años.
Tú escribes: *Mi madre es menor que mi tía.*

menor	callado/a	apasionado/a
mejor	consentido/a	

1. Manuel_____

2. Yo _____

3. Luisa _____

4. Este pastel _____

5. Elena _____

5-8. Comparando profesores. Escucha el siguiente diálogo entre Marta y Cristina tantas veces como sea necesario. Después, marca cada frase con una **X** en la columna apropiada.

		Cierto	Falso
1.	Cada día Cristina tiene más trabajo que el día anterior.	_____	_____
2.	El profesor González es el profesor que menos trabajo da.	_____	_____
3.	Al profesor González no le gusta chismear.	_____	_____
4.	La profesora García es la mejor profesora del departamento.	_____	_____
5.	Marta es la alumna que más tarde llega a las clases.	_____	_____

5-9. La familia de Susi. Susi le está enseñado a Julia una foto de su familia. Escucha el siguiente diálogo tantas veces como sea necesario y contesta las preguntas.

1. En la foto que Susi le enseña a Julia están sus hermanos, un primo, su tía y
   a. una amiga.
   b. su madre.
   c. sus padres.

2. La chica que aparece en la foto es
   a. una prima de Susi.
   b. la madre de Susi.
   c. una tía de Susi.

3. La madre de Susi es
   a. más joven que su padre.
   b. de la misma edad que su padre.
   c. mayor que su padre.

4. Juanjo es
   a. más extrovertido que Rafael.
   b. más antipático que Rafael.
   c. menos cariñoso que Rafael.

5. El primo de Susi es
   a. huraño.
   b. tímido.
   c. travieso.

6. A Julia parece que
   a. le interesa el primo de Susi.
   b. le cae mal el primo de Susi.
   c. no le interesa el primo de Susi.

⊙5-10. Expresiones. En el fragmento de la actividad anterior hay una serie de palabras que tal vez no hayas escuchado antes. Mira las siguientes expresiones y trata de descifrar su significado según el contexto. Recuerda que puedes volver a escuchar la cinta tantas veces como sea necesario.

1. estar muy orgullosa: _____

2. ser como dos gotas de agua: _____

3. gesticular: _____

SÍNTESIS

⊙5-11. Antes de escuchar. En la próxima actividad vas a escuchar una historia sobre relaciones personales. Las siguientes preguntas te ayudarán a conocer más cosas sobre ti mismo antes de escuchar el fragmento. Recuerda que las respuestas son personales.

1. ¿Cómo conoces a tus novios/as?
   a. a través de amigos
   b. en la biblioteca
   c. en mis clases
   d. en las fiestas
   e. .....

2. ¿Qué es lo primero en que te fijas en un/a chico/a?
   a. en la simpatía
   b. en el aspecto físico
   c. en el sentido del humor
   d. en la imaginación
   e. .....

3. ¿A dónde vas la primera vez que sales con un/a chico/a?
   a. al cine
   b. a cenar/comer
   c. a un bar
   d. ....

4. ¿Qué piensas de las citas a ciegas?

_____

5. ¿Has tenido alguna vez una cita a ciegas? ¿Qué pasó?

_____

5-12. Mientras escuchas. Se dice que la realidad supera a la ficción y aquí tienes un ejemplo de ello. En 1985 Televisión Española pasó una película sobre el lejano Oeste. En la época de la colonización de California los hombres solamente trabajaban y no tenían familias. Para arreglar la situación de estos hombres se formó una caravana de mujeres para ir a California a casarse con ellos.

Los hombres de un pequeño pueblo de España llamado Plan, usaron esa idea de la televisión para cambiar sus vidas en la realidad.

1. A continuación vas a escuchar un fragmento en el que se describen el valle y el pueblo, la gente que los habita, sus profesiones y sus ideas. Antes de escuchar, mira la tabla para saber qué tipo de información necesitas escribir en cada espacio. Después, escucha la cinta tantas veces como sea necesario y completa la tabla con las respuestas adecuadas.

valle	trabajo	población	historia

2. Este fragmento termina con la expresión ¡*Que sea lo que Dios quiera!* ¿Qué crees que significa esta expresión?

_____

3. ¿Qué piensas del valle? ¿Crees que es un lugar atractivo para vivir? ¿Por qué?

_____

_____

_____

⊕5-13. Después de escuchar.

1. ¿Qué crees que pasará? ¿Crees que los solteros de Plan encontrarán mujeres con las que casarse?

   _____

   _____

   _____

2. ¿Qué piensas de esta historia? ¿Piensas que hay mujeres que están dispuestas a buscar un marido de esta forma?

   _____

   _____

   _____

   _____

3. ¿Qué diferencia hay entre una cita a ciegas y esta caravana de mujeres?

   _____

   _____

   _____

6 El mundo del espectáculo

1. The subjunctive vs. the indicative in adverbial clauses

➔6-1. **El concurso.** Oscar está convenciendo a Laura para participar en un juego de la televisión. Laura está muy nerviosa y le pone una serie condiciones antes de aceptar. Aquí está su conversación, pero tienes que determinar cuál es la respuesta de Oscar que corresponde a cada condición de Laura. Pon las frases en orden lógico.

LAURA
____ 1. Mira, Oscar, no iré al concurso **para** hacer el ridículo.
____ 2. Seguro que te desilusionas **después de que** estemos en la grabación. ¡Hay que estar muchas horas!
____ 3. No iré **a menos que** me invites a cenar después de la grabación.
____ 4. Está bien, me pondré guapa **en caso de que** veamos a Harrison Ford.

OSCAR
a) Te invitaré a cenar **adonde** quieras **con tal de que** vengas al programa conmigo.
b) No seas tonta. Es una buena ocasión **para que** veamos un estudio de televisión por dentro.
c) No seas así. Seguro que **en cuanto** lleguemos veremos a muchos actores famosos.
d) Voy a llamar al programa **antes de que** te arrepientas.

6-2. **El coro de la Universidad.** Susana le cuenta a Beatriz cómo entró al coro de la universidad. Primero, une las partes de las tres columnas de forma adecuada para crear frases lógicas en orden lógico. Después, escucha la conversación y comprueba si tus respuestas son correctas.

Susana es miembro del coro de la universidad	**tan pronto como**	la oigan cantar no la van a admitir
Varias personas se unen	**hasta que**	el primer concierto
No puede ser parte del coro	**sin**	se presenta para hacer la prueba
Tiene miedo de que	**en cuanto tengamos**	termine de cantar
Un día,	**después de**	no cante delante del director
Te llamaré	**antes de que**	hacer una audición

1. _____

2. _____

3. _____

4. _____

5. _____

6. _____

6-3. Mi vida es una telenovela. Teresa y Eva hablan sobre una experiencia que tuvo Eva con un chico que conoció hace poco tiempo. Escucha el diálogo tantas veces como sea necesario y después, marca la respuesta correcta en las siguientes preguntas.

1. La vida de Eva es
   a. una telenovela.
   b. una película de terror.
   c. un drama.

2. El nuevo amigo de Eva quiere ser
   a. camarógrafo.
   b. director de cine.
   c. recitador de poesía.

3. La historia de Eva es parte de
   a. la realidad.
   b. una película.
   c. una broma pesada.

4. Eva es
   a. una actriz profesional.
   b. profesora en la universidad.
   c. ayudante de producción.

5. Teresa piensa que la historia es
   a. horrible.
   b. divertida.
   c. de miedo.

6. El tono de Eva cuando cuenta esta historia es
   a. divertido.
   b. enfadado.
   c. asustado.

⊕6-4. **Ampliación de vocabulario.** En el fragmento anterior hay palabras que tal vez no conozcas bien. Intenta descifrar el significado de las siguientes expresiones según su contexto. Recuerda que puedes volver a escuchar la cinta tantas veces como sea necesario.

1. estaba loco por mi (estar loco por alguien):_____

2. una broma pesada: _____

3. Yo me hice la loca (hacerse el loco/a): _____

4. Di mi toque personal (dar un toque personal): _____

SEGUNDA PARTE

2. Commands (formal and informal)

⊕6-5. **Francisco, director de orquesta.** Francisco es director de orquesta y padre de dos niños. Por eso él está muy acostumbrado a mandar. Mira los mandatos en la primera columna y conéctalos con la(s) persona(s) que los recibe(n) en la segunda columna.

Siéntense en sus sitios.   orquesta

Vete a la cama ahora mismo.

No llegue tarde mañana.

Comed el desayuno.   a una persona de la orquesta

Portaos bien.

No se distraiga, por favor.

No pelees con tu hermano.   hijos

Vengan al ensayo temprano.

No hagáis ruido, estoy trabajando.

No hablen cuando dirijo.   a unos de sus hijos

6-6. **Dibujos.** A continuación vas a escuchar la descripción de una fotografía. En el cuadro de abajo dibuja lo que oigas. Usa las indicaciones escritas en tu cuaderno como ayuda.

ARRIBA
↑
←IZQUIERDA   DERECHA→
↓
ABAJO

3. The subjunctive with *ojalá, tal vez,* and *quizá(s)*

⊙6-7. **Sueños en el futuro.** Simón piensa en todas las cosas que desea y que puede que haga en su vida. Vuelve a escribir cada frase utilizando una expresión como **ojalá**, **tal vez**, o **quizás**, según se indique en cada frase.

MODELO: **Tú lees:** Espero que algún día toque bien la guitarra. (Ojalá)
Tú escribes: *Ojalá algún día toque bien la guitarra.*

1. Quiero ser tan bueno como Paco de Lucía. (ojalá)

_____

2. Deseo ganar mucho dinero para poder viajar. (ojalá)

_____

3. Si gano mucho podré tener vacaciones largas. (tal vez)

_____

4. Cuando trabaje en el mundo del arte conoceré a personas famosas. (quizás)

_____

5. Es posible que me inviten a cenar y a comer a sus casas. (tal vez)

_____

6. También es posible que seamos buenos amigos. (quizás)

_____

7. Hmm . . . es posible que me esté adelantando demasiado. (tal vez)

_____

6-8. Sueños de grandeza. Escucha las siguientes frases tantas veces como sea necesario y señala cuál es la expresión que precede al verbo en el subjuntivo, cuál es el verbo y cuál es su infinitivo.

MODELO: **Tú escuchas:** Tal vez la semana próxima vaya a un concierto.
         Tú escribes: *Tal vez*
                      vaya → *venir*

1. _____

2. _____

3. _____

4. _____

5. _____

6. _____

7. _____

6-9. Salto a la fama. Pablo irá mañana a un programa de la radio para presentar una de sus canciones. Escucha el diálogo entre Pablo y su amigo Víctor. Después de escuchar la cinta tantas veces como sea necesario, usa la información para contestar las preguntas.

1. Pablo está
   a. nervioso.
   b. contento.
   c. ilusionado.

2. Pablo consiguió un
   a. contrato en la radio.
   b. premio en un concurso.
   c. contacto en la radio.

3. Pablo toca
   a. en un grupo.
   b. solo.
   c. con un amigo.

4. Pablo toca
   a. la flauta.
   b. el violín.
   c. la guitarra.

5. Pablo canta
   a. canciones de amigos.
   b. canciones de personas famosas.
   c. canciones propias.

6. Pablo tiene que
   a. ensayar para la radio.
   b. trabajar en el supermercado.
   c. componer más canciones.

6-10. Emociones. A continuación vas a escuchar unos fragmentos del diálogo anterior. Escúchalos y di qué emociones indican los tonos de voz en los siguientes fragmentos. Si quieres, puedes utilizar las opciones en la caja.

alterado   enfadado   nervioso   triste   seguro de sí mismo   emocionado

Fragmento 1

_____

Fragmento 2

_____

Fragmento 3

_____

Fragmento 4

_____

Fragmento 5

_____

SÍNTESIS

➔**6-11. Antes de escuchar.** En la próxima actividad vas a escuchar una entrevista con una bailarina famosa. Estas preguntas te van a ayudar a saber qué piensas tú sobre el tema del baile.

1. Todo el mundo baila en algunas ocasiones, ¿qué tipo de música te gusta bailar?

_____

2. ¿Has ido alguna vez al teatro para ver algún musical, algún ballet, ópera?

_____

3. ¿Qué piensas de expresiones artísticas como la ópera, los conciertos, el ballet?

_____

6-12. Mientras escuchas. Alicia Alonso es una bailarina cubana. A sus 78 años, una de las periodistas de _Puerta del Sol_ le hace una entrevista sobre su vida como bailarina y sobre la situación actual de los artistas en su país. Escucha la conversación tantas veces como sea necesario y responde a las preguntas.

1. ¿Donde empezó la afición de Alicia Alonso por el baile?

_____

2. ¿Qué tipos de bailes españoles se mencionan en la cinta?

_____

3. ¿Dónde fue el debut de la bailarina? ¿Cuál fue su papel?

_____

4. ¿En qué lugares baila la bailarina Alicia Alonso?

_____

_____

_____

5. En la cinta se menciona la pieza de ballet *Giselle*. ¿Por qué es tan importante esta pieza en la vida de la artista?

_____

_____

_____

6. Describe cuál es la situación actual de los artistas en Cuba.

_____

_____

_____

_____

_____

7. ¿Qué piensa ella sobre los artistas que han pedido asilo a otros países?

_____

7 La diversidad y los prejuicios

1. *Hacer* and *desde* in time expressions

➔7-1. **El cajón desordenado.** Usa las palabras a continuación y ponlas en orden para escribir oraciones con sentido.

1. vives /¿desde / Madrid? / cuándo / en /

_____

2. Luna / hace / la/ 30 años / que / fue / de / más / el / hombre / a

_____

3. hace / que / unos / estudio / meses / español

_____

4. ¿cuánto / que / trabajas / laboratorio? / tiempo / en / hace / el

_____

5. mucho / hacía / que / conocía / tan / feminista / no / tiempo / a / radical / una /

_____

7-2. La línea del tiempo. Liliana está haciendo un resumen de su vida en los últimos años. Escucha lo que dice tantas veces como necesites y apunta qué acontecimientos le ocurrieron en las fechas que aparecen a continuación.

1. 1986 _____

2. 1988 _____

3. 1990 _____

4. 1993 _____

5. 1997 _____

6. 1998 _____

7-3. Organizaciones de mujeres. Pilar, la presentadora de un programa de actualidad le hace una entrevista a Carolina, la directora de una organización legal de ayuda para mujeres en el trabajo. Escucha la conversación tantas veces como sea necesario y contesta las preguntas a continuación.

1. Carolina es directora de
   a. un programa de radio.
   b. una central nuclear.
   c. una organización legal.

2. La madre de Carolina era
   a. científica.
   b. ama de casa.
   c. profesora.

3. La madre de Carolina trabajó
   a. de profesora en la universidad.
   b. de ama de casa.
   c. de científica en una central.

4. En los últimos años el número de mujeres científicas
   a. ha aumentado.
   b. se ha mantenido igual.
   c. ha disminuido.

5. El origen de la iniciativa se halla en la discriminación sufrida por
   a. ella.
   b. otras personas.
   c. su madre.

6. La organización de Carolina apoya a la mujer
   a. siempre.
   b. en casos justos.
   c. a menudo.

➔**7-4. Ahora tú.** No es raro escuchar que la mujer ha sido objeto de discriminación en el trabajo. Sin embargo éste no es el único caso y a menudo se oyen otros casos de discriminación por raza y religión. Teniendo en cuenta tu propia experiencia responde a las siguientes preguntas.

1. Es probable que tú hayas notado la discriminación de algún grupo por raza, origen, sexo, tendencia sexual o religión. ¿Puedes explicar algún caso concreto?

_____

_____

_____

2. En el fragmento anterior has escuchado cómo la organización de Carolina investiga los casos antes de empezar un juicio. ¿Crees que hay personas que intentan sacar ventaja diciendo que han sido objeto de discriminación? ¿Por qué?

_____

_____

_____

_____

3. El movimiento de los derechos civiles supuso un gran cambio en la sociedad de Estados Unidos. ¿Qué cambios se han producido desde entonces en la sociedad?

_____

_____

_____

_____

2. *Por* and *para*

7-5. Radio estropeada. Hay un programa en la radio que trata sobre la desigualdad en el trabajo, pero tu radio no funciona y siempre que dicen **por** o **para** hay algún problema. Escribe cuál es la preposición que falta en cada caso y explica por qué. Recuerda que puedes escuchar la cinta tantas veces como sea necesario.

MODELO: **Tú escuchas:** Hoy estamos aquí [sound of a broken radio] hablar de un
problema que nos afecta a todos: la discriminación.
Tú escribes: *para, porque es el objetivo de la conversación.*

1. _____

2. _____

3. _____

4. _____

5. _____

6. _____

7-6. Atentos. Aquí tienes las respuestas a las preguntas que vas a escuchar. Escucha la cinta tantas veces como sea necesario y escribe la pregunta correspondiente arriba de cada respuesta.

1. _____
Vengo por ti a las ocho.

2. _____
Necesito terminarlo para la próxima semana.

3. _____
Te lo vendo por 1500 pesetas.

4. _____
Hemos venido para hablar del problema.

5. _____
Es para la fiesta de cumpleaños de Susana.

6. _____
He venido por Segovia.

2. Verbs that require a preposition before an infinitive

7-7. Superar el miedo. Estefanía va a contarte cómo aprendió a decirle que no a la gente. Primero, une las frases de la derecha con las que les correspondan en la columna de la izquierda. Después, escucha la cinta tantas veces como sea necesario y compara tus frases con la información de Estefanía.

1. Voy a	a) a hacer frente a la gente
2. Aprendí	b) a reírse de su propio comportamiento
3. No me atrevía	c) contarte una historia
4. Me sentía obligada	d) de no haberme negado
5. Siempre me arrepentía	e) a respetar a todos los empleados de la empresa
6. Un día mi jefa empezó	f) a hacer todo lo que me pedían.
7. No consentí	g) a decir que no a las personas
8. Insistí	h) en escuchar una explicación
9. Mi jefa se avergonzó	i) de avergonzarse otra vez
10. Ella empezó	j) en soportar más esa actitud
11. Ella tiene miedo	k) de estar en esta situación.

7-8. El plan de la semana. Estitxu a veces tiene problemas de organización. Pero esta semana va a empezar a anotar todo lo que tiene que hacer. A continuación vas a escuchar el plan de Estitxu para esta semana. Escucha lo que dice tantas veces como sea necesario y apúntalo en el calendario.

LUNES	MARTES	MIÉRCOLES	JUEVES	VIERNES	SÁBADO	DOMINGO

7-9. Acoso en el trabajo. Estamos acostumbrados a escuchar casos de acoso sexual a la mujer en el trabajo. Pero no solamente el hombre acosa a las mujeres. Alberto te va a explicar algo que le pasó a él en su trabajo y cómo se solucionó. Escucha lo que dice Alberto tantas veces como sea necesario y responde a las preguntas.

1. El acoso sexual de esta historia es de
   a. un hombre a una mujer.
   b. una mujer a otra mujer.
   c. una mujer a un hombre.

2. Alberto trabaja en un equipo
   a. mayoritariamente de hombres.
   b. mayoritariamente de mujeres.
   c. de igual número de hombres y mujeres.

3. Alberto pensaba que él estaba en una situación
   a. fácil.
   b. pasiva.
   c. complicada.

4. Alberto habló
   a. con la persona del problema.
   b. con la directora.
   c. con sus amigos.

5. La directora escuchó
   a. atentamente.
   b. sin atención.
   c. divertida.

6. La directora decidió
   a. olvidar el caso de acoso.
   b. apoyar el caso de acoso.
   c. no seguir el caso de acoso.

⊕**7-10. Ahora tú.** Algunas personas se han encontrado en situaciones semejantes a la que escuchaste en la historia de Alberto. Quizás tú hayas sido una de ellas, sepas de algún caso semejante o tengas alguna opinión respecto al tema. Basándote en el texto y en tu propia opinión, responde a las siguientes preguntas.

1. ¿Por qué crees que Alberto sentía miedo a denunciar su caso?

_____

_____

2. ¿Qué habrías hecho tú en su situación?

_____

_____

_____

3. ¿Crees que hay diferencia en cómo los hombres tratan el tema del acoso sexual en comparación a las mujeres? ¿Por qué?

_____

_____

4. ¿Piensas que la directora en la historia de Alberto actuó de forma justa? ¿Por qué?

_____

_____

SÍNTESIS

➔7-11. **Antes de escuchar.** En la próxima actividad vas a escuchar un fragmento relacionado con el SIDA en los niños. Estas preguntas te van a ayudar a determinar lo que tú ya sabes sobre este tema.

1. ¿Qué sabes sobre el SIDA? (modo de contagio, prevención, . . .)

_____

_____

_____

_____

_____

2. ¿Conoces a alguna persona que tenga el SIDA?

_____

3. ¿Cuál es tu reacción hacia las personas que tienen el SIDA? ¿Cuál es la reacción de la sociedad en general hacia las personas que tienen esta enfermedad?

_____

_____

_____

_____

4. ¿Has conocido algún caso (amigo, por la prensa, por la televisión) de alguna persona que haya sufrido discriminación por tener el SIDA? ¿Piensas que las personas que tienen el SIDA sufren algún tipo de discriminación en la vida diaria? ¿Por qué?

_____

_____

_____

_____

_____

7-12. Mientras escuchas. Montse era una niña de 4 años que tenía el SIDA. El 30 de marzo de 1990 fue al colegio por primera vez. La llegada de Montse al colegio trajo una serie de problemas a la comunidad. Escucha el **Fragmento A** y responde a las siguientes preguntas.

Fragmento A

1. ¿Cuáles son las razones de las madres para no dejar entrar a Montse en el colegio?

_____

_____

_____

2. ¿Qué piden las madres para estar seguras de que Montse no es peligrosa para sus hijos/as?

_____

_____

3. ¿Qué piensa la tía de Montse sobre el miedo de las madres?

_____

_____

Fragmento B

4. Ahora vas a escuchar la opinión de varios médicos sobre el SIDA. En este **Fragmento B** vas a escuchar la opinión de un médico sobre cómo y por qué hay que convivir con los que padecen el SIDA. Escribe las ideas más importantes de lo que dice el médico y di si estás de acuerdo.

_____

_____

_____

_____

Fragmento C

5. Escucha el **Fragmento C**. Según este médico ¿es posible que se pueda transmitir el virus por contacto social, esto es, jugando y compartiendo objetos hasta de uso personal?

_____

Fragmento D

6. Escucha el **Fragmento D**. ¿Es cierto que se puede minimizar el problema del SIDA?

_____

_____

_____

➔7-13. Después de escuchar.

1. Piensa y di qué harías tú si un compañero/a tuyo/a te dijera que tiene el SIDA.

_____

_____

_____

2. ¿Qué harías tú si tu hijo/a te dijera que tiene el SIDA?

_____

_____

_____

3. ¿Piensas que el miedo de las madres de la cinta es normal? ¿Por qué?

_____

_____

_____

4. ¿Qué les dirías tú a las madres que tienen miedo de que otros niños les pasen el SIDA
    a sus hijos?

_____

_____

_____

8 Las artes culinarias y la nutrición

1. The imperfect subjunctive

→8-1. **Comiditas.** Lee las siguientes oraciones. Junta las ideas de las dos oraciones para crear una sola, usando el imperfecto de subjuntivo.

MODELO: **Tú lees:**   Mi hermano quería comer antes de las dos. Yo le dije: espera.
   Tú ves: Le pedí
   Tú escribes: *Le pedí que esperara hasta las dos.*

1. A mí me encanta el chocolate. No tenían trufas en el restaurante.

   Yo deseaba_____

2. A mi padre le gustaba el cordero. A nadie le gustaba tanto como a él.

   No conocía a nadie _____

3. A mí me gustó mucho el salmón que cocinó Begoña. No me quiso dar la receta.

   Yo quería _____

4. Cociné arroz con maíz y champiñones. A mi madre le gusta ponerles mucha sal.

   Mi madre esperaba _____

5. Compré puerros y patatas. Le pedí a mi vecina una cebolla.

   Yo quería _____

6. Esas albóndigas parecían ricas pero estaban muy lejos. ¿Me las acercaría alguien?

Era posible _____

8-2. Una cena desastrosa. Eduardo y Pedro fueron a un restaurante para celebrar una ocasión especial. Sin embargo, no tuvieron mucha suerte. Ahora, ellos están hablando sobre la cena. Escucha lo que dicen tantas veces como sea necesario y completa las frases usando el imperfecto de subjuntivo.

MODELO: **Tú ves:**   Yo dudé que   (no) ser bueno
        Tú escribes: *Yo dudé que ese restaurante fuera bueno.*

Ya me parecía extraño que	(no) pedir más disculpas.
Nunca creí que	(no) saber saltear las verduras.
Ya te dije que	(no) pedir ese postre.
Es una vergüenza que	(no) ser tan caro.
Yo no pensé que	(no) haber almejas frescas.
Es increíble que	(no) encontrar un restaurante tan malo.

1. _____

2. _____

3. _____

4. _____

5. _____

6. _____

8-3. La cena. Merche te va a hablar sobre un cumpleaños muy especial que ella celebró con su amiga Mónica. Escucha el siguiente fragmento tantas veces como sea necesario y responde a las siguientes preguntas.

1. Mónica es
    a. una cocinera excelente.
    b. cocinera en ocasiones.
    c. horrible en la cocina.

2. Mónica preparó
   a. un plato y postre.
   b. aperitivo, plato y postre.
   c. dos platos y postre.

3. La casa de Mónica olía
   a. a quemado.
   b. a ajo.
   c. muy bien.

4. Los bomberos llegaron porque se quemó
   a. la casa.
   b. la cocina.
   c. el pollo.

5. La cena fue
   a. perfecta en todos los detalles.
   b. un desastre pero divertida.
   c. un desastre y horrible.

6. Merche quiere
   a. recordar ese cumpleaños.
   b. celebrar otro cumpleaños igual.
   c. olvidar ese cumpleaños.

⊛8-4. Ampliación de vocabulario. En el fragmento de la actividad anterior escuchaste algunas expresiones que tal vez no conozcas. Lee las frases e intenta descifrar su significado por el contexto. Recuerda que puedes volver a escuchar la cinta tantas veces como necesites.

1. Tener muy buena pinta: _____

2. Hacer la boca agua : _____

3. Fue un desastre (ser un desastre): _____

4. Se lo tomaron bien (tomárselo bien): _____

2. The conditional and conditional perfect

8-5. Aprendiendo a cocinar. Ángel e Isabel están cocinando una nueva receta. La receta que ellos tienen en su libro es solamente para cuatro personas y ellos tienen que cocinar para seis. Ahora, tú vas a escuchar la conversación entre Ángel e Isabel. Cada vez que Ángel dice algo, Isabel empieza a hablar pero nunca completa las frases. Escucha la cinta tantas veces como sea necesario y completa cada frase con la opción adecuada de la caja.

> yo lo pondría 45 minutos.
> no sé si podríamos preparar comida para más de seis personas.
> habría llamado por teléfono para avisar.
> deberían dar diferentes medidas.
> yo le añadiría un poco más de agua.
> eso sería mala suerte.
> habría cantidad suficiente.

1. _____

2. _____

3. _____

4. _____

5. _____

6. _____

7. _____

8-6. El régimen. María e Irene están a régimen. Pasan tanta hambre que no hacen más que pensar en comida. Escucha su conversación tantas veces como sea necesario y apunta qué es lo que les gustaría hacer a cada una en el cuadro correspondiente.

	María	Irene
comería una vaca		
comería un pollo con salsa y patatas		
aderezaría las verduras con aceite		
rompería las revistas de moda como *Cosmopolitan*		
quemaría las revistas de moda como *Cosmopolitan*		
iría a un restaurante a comer albóndigas		
tiraría la pesa por la ventana		

3. The indicative or subjunctive in *si*-clauses

8-7. Demasiadas condiciones. Escucha las siguientes frases y marca cuáles son los verbos en cada frase y en qué tiempo están.

MODELO: **Tú escuchas:** Si vienes a cenar, preparé tarta de chocolate.
Tú escribes: *vienes, presente de indicativo*
preparé, futuro de indicativo

1. _____

2. _____

3. _____

4. _____

5. _____

6. _____

7. _____

8-8. El cumpleaños de Agustín. El otro día fue el cumpleaños de Agustín. Todo fue muy bien pero hubo algunos problemas. Escúchalos tantas veces como sea necesario y escribe qué habrías hecho tú en cada caso.

MODELO: **Tú escuchas:** El martes pasado fue el cumpleaños de Agustín. Estaba muy contento y quería celebrarlo pero el martes era un mal día porque todos tenían que estudiar para el miércoles. Agustín no sabía si hacer la fiesta o no, ¿Qué habrías hecho tú si hubieras sido Agustín?
Tú escribes: *Si yo hubiera sido Agustín, yo habría hecho la fiesta.*

1. _____

2. _____

3. _____

4. _____

5. _____

6. _____

8-9. Receta de albóndigas. Doña Azucena es la presentadora de un programa de televisión sobre comida. A continuación vas a escuchar cómo se hacen las albóndigas. Escucha la receta tantas veces como sea necesario y contesta las preguntas siguientes.

1. Para hacer las albóndigas se necesitan
   a. 200 gramos de carne de ternera y 200 de carne de cerdo.
   b. 400 gramos de carne de ternera y 100 de carne de cerdo.
   c. 100 gramos de carne de ternera y 400 de carne de cerdo.

2. A la carne hay que añadirle
   a. ajo, perejil, huevo, cebolla y sal.
   b. ajo, perejil, pan rallado, cebolla y sal.
   c. ajo, perejil, pan rallado, huevo y sal.

3. Para la salsa hay que poner
   a. aceite, cebolla, zanahoria, maíz y sal.
   b. aceite, cebolla, zanahoria, guisantes y sal.
   c. aceite, cebolla, guisantes, maíz y sal.

4. A la salsa se le puede añadir vino
   a. blanco.
   b. tinto.
   c. rosado.

5. Normalmente con la carne se bebe vino
   a. blanco.
   b. rosado.
   c. tinto.

6. Esta receta es de
   a. un programa de televisión.
   b. un libro de cocina.
   c. una amiga de Doña Azucena.

SÍNTESIS

➔8-10. **Antes de escuchar.** En la próxima actividad vas a escuchar un fragmento sobre la dieta mediterránea. Ahora, contesta estas preguntas para averiguar tus opiniones sobre la dieta en general.

1. ¿Cuántas veces comes al día?

   _____

2. ¿Piensas que llevas una vida sana? ¿Por qué?

   _____   _____

   _____

3. ¿Qué tipos de comida conoces?

   _____

   _____

4. ¿Cuáles de estos platos pertenecen a la comida española?

   a. tacos   c. gazpacho   e. espaguetis
   b. tortilla de patatas   d. burritos   f. paella

8-11. Mientras escuchas. Ahora vas a aprender un poco más sobre una dieta muy saludable, la dieta mediterránea.

Fragmento A

Escucha el **Fragmento A** tantas veces como sea necesario y escribe cuáles son los ingredientes fundamentales de la comida mediterránea.

_____

_____

_____

Fragmento B

El aceite es un producto típicamente mediterráneo con una historia muy interesante porque está muy relacionado a diversas culturas. Escucha el **Fragmento B** y escribe qué aportación tuvo cada cultura al aceite.

a. Griegos y fenicios: _____

b. Romanos: _____

c. Árabes: _____

Fragmento C

El vino es asímismo un producto mediterráneo por excelencia. Escucha lo que dice este fragmento sobre el vino, y responde a las preguntas.

a. En la antigüedad el vino era considerado una bebida de_____.

b. Las primeras cepas llegaron a _____.

c. Regiones españolas en las que se produce vino son_____

_____

_____

Fragmento D

A continuación en el **Fragmento D** vas a escuchar dos recetas que tienen como ingrediente el aceite o el vino. Escribe las recetas en los recuadros que aparecen a continuación.

Gazpacho	Sangría

⊕8-12. Después de escuchar.

1. En la cinta has escuchado cuáles son los ingredientes fundamentales de la dieta mediterránea. ¿Cuáles son los elementos básicos de la dieta en el lugar donde vives?

_____

_____

_____

2. El vino es un producto común en la dieta mediterránea. En Estados Unidos hay zonas como California en las que se produce mucho vino. Sin embargo, el vino es caro y se considera un producto de lujo ¿Cuál piensas que es la razón?

_____

_____

_____

9 Nuestra sociedad en crisis

1. The pluperfect subjunctive

9-1. Fernando no es un asesino. Has recibido una visita de la policía. Ellos buscan a tu amigo Fernando porque se ha cometido un asesinato y piensan que él puede ser el asesino. Ahora tú estás solo y piensas sobre toda la situación. Escucha las siguientes oraciones tantas veces como sea necesario y escribe en las líneas del tiempo la acción que ocurre antes que la otra. Usa los verbos que aparecen en el recuadro como ayuda.

1. saber/ haber estado	5. desconocer/ser
2. poder creer/ traficar	6. robar/creer
3. esperar/ir	7. ser posible/querer empezar
4. ocultar/desear	8. ser/esperar

MODELO: **Tú escuchas:** En ningún momento pensé que él hubiera sido el asesino.
Tú escribes: Pasado ←——————— Presente ——————————→ Futuro

2   1
hubiera sido   pensé

Pasado   Presente   Futuro

1. ←——————————————————————→

2. ←——————————————————————→

3. ←——————————————————————→

4. ←——————————————————————→

5. ←——————————————————————→

6. ← ————————————————————————————→

7. ← ————————————————————————————→

8. ← ————————————————————————————→

9-2. Vidas difíciles. Jesús, Eva, Carmen y Javier han pasado por situaciones difíciles en sus vidas. Escucha sus historias y di qué hubieras hecho tú en su lugar. Usa las oraciones que aparecen a continuación como ayuda.

Yo creo que	(no) robar la manzana.
Yo pienso que	(no) apuñalar al hombre.
Yo dudo que	(no) llamar a Harrison Ford.
Es probable	(no) escapar a otra ciudad.
	(no) matar a esa persona.
	(no) denunciar a la policía

1. Si yo hubiera sido Jesús _____

2. Si yo hubiera sido Eva _____

3. Si yo hubiera sido Carmen _____

4. Si yo hubiera sido Javier _____

9-3. La vida de Fernando. Fernando está contando la historia de su vida y explicando por qué lo está buscando la policía. Escucha el siguiente fragmento tantas veces como sea necesario y responde a las siguientes preguntas.

1. Cuando Fernando era pequeño tenía
   a. mucho dinero.
   b. poco dinero.
   c. nada de dinero.

2. La primera vez que Fernando robó se sintió
   a. bien.
   b. mal.
   c. normal.

3. El tatuaje de su pandilla era
   a. una serpiente.
   b. un león.
   c. un águila.

4. Para Fernando ir a la cárcel era
   a. un juego.
   b. horrible.
   c. divertido.

5. Cuando entraron en la casa, envenenaron
   a. a los dueños.
   b. al agente de seguridad.
   c. a los perros.

6. Cuando Fernando tuvo el revólver en la mano
   a. disparó a la mujer.
   b. tiró el arma al suelo.
   c. disparó al suelo.

9-4. Algo más sobre la vida de Fernando. Escucha la cinta del ejercicio anterior otra vez. Fíjate en la entonación de Fernando al hablar, y usa esa información para contestar las siguientes preguntas.

1. ¿Cuál es el tono de Fernando cuando habla de cuando dejó de ir a la escuela? ¿Crees que se arrepiente?

_____

_____

2. ¿Piensas que Fernando quería robar a ese matrimonio? ¿Por qué?

_____

_____

3. Por la voz de Fernando, ¿cómo se siente él cuando recuerda los planes para robar a ese matrimonio? ¿Por qué?

_____

_____

4. ¿Por qué no mató Fernando a la mujer?

_____

_____

5. ¿Qué crees que piensa Fernando de su vida pasada? ¿Por qué?

_____

_____

_____

SEGUNDA PARTE

2. Uses of *se*

9-5. Instrucciones para un buen atraco. Hay diferentes formas de atracar a las personas, unas son mejores y otras peores. En este programa de radio te van a dar algunos consejos sobre cómo atracar a alguien educadamente. Primero, pon en orden las frases siguientes y después, escucha el fragmento para comprobar si tus frases son correctas.

—— 1. Educadamente se le pide que se lo dé.
—— 2. Se le dice hola a la persona.
—— 3. No se olvide de dejarle algo de dinero para el café.
—— 4. Se le pregunta amablemente la hora.
—— 5. Se le dice ¡qué reloj más bonito lleva!
—— 6. También se le puede decir a la persona a la que ha atracado en dónde se puede tomar un café para pasar el susto.
—— 7. Si la persona abusa de su paciencia se le dice que usted tiene una pistola.
—— 8. Cuando la persona le da todas sus pertenencias, se le dan las gracias amablemente.
—— 9. Si la persona se resiste, se le dice que usted tiene una navaja.
——10. Se despide amablemente y se le dan las gracias al atracado por su cooperación.

9-6. ¿Qué se hace en España? Vas a escuchar un diálogo en el que Vicente y Javier hablan de ciertas cosas que son típicas en diferentes partes de España. Marca en dónde (ciudad, comunidad o toda España) se hace cada cosa, según las indicaciones de la tabla. Recuerda que puedes escuchar la cinta tantas veces como sea necesario.

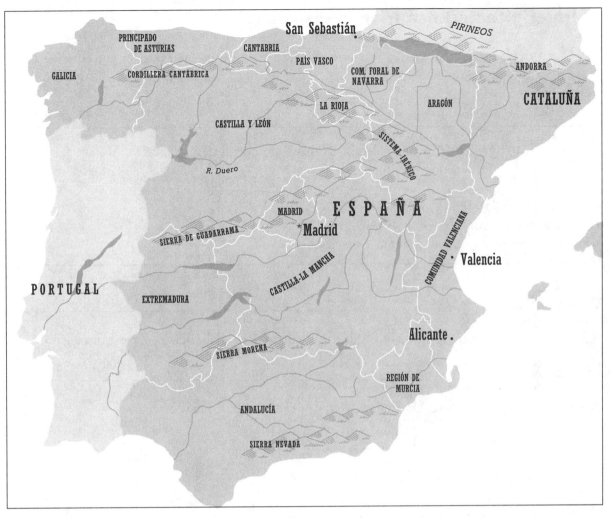

| Valencia | Alicante | Madrid | San Sebastián | Cataluña | toda España |

1. se come paella _____

2. se come turrón _____

3. se hace turrón _____

4. se bebe cava _____

5. se toman las uvas _____

6. se tocan las campanas _____

7. se celebra la Noche Vieja _____

8. se celebra el 20 de enero _____

9. se celebra la fiesta de San Jorge _____

10. se regalan libros y rosas _____

3. Indefinite and negative expressions

9-7. **En la comisaría.** Alberto y Arturo trabajan en la policía. Han terminado su turno y están hablando de cómo les ha ido. Completa el diálogo de forma lógica, usando las frases a continuación.

> O viene algún ladrón nuevo o me cambio de comisaría.
> ¿Ha sido alguien que conocemos?
> ¿Algún crimen?
> Me gustaría algo o alguien nuevo.
> Seguro que alguien buscaba drogas.
> ¿Has tenido algún problema esta noche?

Alberto: Hola Arturo, (1) _____.

Arturo: Alguno sí he tenido. Ha habido un atraco en el banco de la esquina.

Alberto: (2) _____.

Arturo: Un par de ellos. Uno en el banco y otro en la farmacia.

Alberto: En la farmacia...(3) _____.

Arturo: Muy inteligente, Alberto.

Alberto: (4) _____.

Arturo: Siempre es alguien que conocemos.

Alberto: Nunca vienen ladrones o criminales nuevos a esta zona.

(5) _____.

Arturo: Nunca tenemos suerte. Siempre nos tocan los mismos crímenes y las mismas

personas.

Alberto: Ya está bien. (6) _____.

Arturo: Ni lo uno ni lo otro. Aquí se está muy bien.

9-8. **Emparejando.** Escucha las siguientes definiciones de personas y cosas famosas y trata de descifrar a quién o a qué corresponden.

MODELO: **Tú escuchas:** Alguien que vino del planeta Cripton.
Tú escribes: *Supermán*

Indiana Jones	Michael Jordan
Steven Spielberg	vino
Bill Clinton	Helen Hunt y Paul Reiser

1. _____   4. _____

2. _____   5. _____

3. _____   6. _____

9-9. Borrachera con consecuencias. Pablo y Marta están hablando sobre algo que le ha pasado a una de sus amigas. Escucha la conversación tantas veces como sea necesario y responde a las siguientes preguntas.

1. Lola ha tenido un accidente
   a. de coche.
   b. de moto.
   c. en bicicleta.

2. La gente de la fiesta había bebido
   a. poco.
   b. lo normal.
   c. demasiado.

3. Una persona se había enfadado con
   a. Lola.
   b. todo el mundo.
   c. con otra persona.

4. Después del accidente la persona amenazó a
   a. los amigos de Lola y a la policía.
   b. los amigos de Lola pero no a la policía.
   c. a la policía pero no a los amigos de Lola.

5. La persona durmió en
   a. su casa.
   b. el hospital.
   c. la comisaría.

6. La persona que causó el accidente fue
   a. una persona desconocida.
   b. el ex novio de Lola.
   c. otra persona conocida.

➔**9-10. Impresiones.** Usa la información que escuchaste en el diálogo anterior para responder a las siguientes preguntas, según tu propia opinión.

1. ¿Quién crees que fue el responsable del accidente?

_____

2. ¿Qué habrías hecho tú si eso ocurriera en una fiesta en tu casa?

_____

3. ¿Qué piensas tú que se debe hacer cuando alguien te amenaza con una pistola?

_____

SÍNTESIS

➔**9-11. Antes de escuchar.** En la próxima actividad vas a escuchar un fragmento sobre el terrorismo en el Perú. Contesta las siguientes preguntas para ayudarte a averiguar cuánto sabes sobre este tema.

1. El presidente del Perú es
    a. Castro.
    b. Aznar.
    c. Fujimori.

2. Un movimiento guerrillero peruano es
    a. Tupac Amarú.
    b. ETA.
    c. Frente Farabundo Martí.

3. Las personas retenidas en un secuestro se llaman
    a. secuestradores.
    b. atacados.
    c. rehenes.

4. Las casas oficiales de países extranjeros en las capitales de otros países se llaman
    a. consulados.
    b. embajadas.
    c. oficinas.

9-12. Mientras escuchas.

1. Este fragmento trata sobre un asalto a la embajada japonesa en el Perú. En el recuadro a continuación escribe todas las palabras que escuches sobre los secuestradores, (quiénes eran, cuántos), los secuestrados, (quiénes eran, cuántos, cuántos días estuvieron encerrados), el presidente (su nombre completo, las cosas que hace), y si hubo muertos.

Secuestradores	Secuestrados	Presidente	¿Muertos?

2. Aquí tienes los diferentes momentos de la noticia que se cuenta en el fragmento. Escucha la noticia otra vez y pon estas frases en el orden adecuado, según la información que escuches.

_____ 1. El presidente Alberto Fujimori habla a la prensa.

_____ 2. La operación dura 45 minutos.

_____ 3. La Guerrilla Peruana Tupac Amarú mantiene a 72 rehenes durante 126 días.

_____ 4. Se inicia la operación de liberación.

_____ 5. Los secuestrados hablan a la prensa.

→9-13. Después de escuchar

1. A veces los políticos (presidentes) usan ciertos hechos para aumentar su popularidad entre la gente o para hacer olvidar errores cometidos. ¿Puedes hablar de algún caso en que el presidente de tu país ha querido aumentar su popularidad con alguna medida política?

_____

_____

_____

_____

10 El empleo y la economía

1. Indirect speech

10-1. Lo que dicen Estíbaliz y Rafael. Contesta las siguientes preguntas según lo que digan Rafael y Estíbaliz. Escucha la cinta tantas veces como sea necesario.

MODELO: **Rafael:**   Hoy hace buen tiempo.
          Pregunta: ¿Qué dijo Rafael?
          Tú: *Rafael dijo que hoy hace buen tiempo.*

1.   ¿Qué dijo Estíbaliz?

_____

2.   ¿Qué dice Rafael?

_____

3.   ¿Qué comentó Estíbaliz?

_____

4.   ¿Qué dice Rafael?

_____

5.   ¿Qué dice Estíbaliz?

_____

6.   ¿Qué te preguntó Rafael?

_____

7. ¿Qué anuncia Estíbaliz?

_____

8. ¿Qué prometió Rafael?

_____

10-2. Agencia de trabajo. Trabajas en una agencia de trabajo y ahora estás ayudando a uno de tus jefes. Estás hablando por teléfono con Paco, un chico que trabaja en otra oficina, y tu jefe también quiere participar en la conversación. Ahora tú tienes que decirles a los dos qué dice, pregunta o piensa la otra persona.

MODELO: **Jefe:** Necesitamos un par de carpinteros para una nueva casa.
        Tú: *Paco, mi jefe dice que necesitamos un par de carpinteros para una nueva casa.*

1. Tú: _____

2. Tú: _____

3. Tú: _____

4. Tú: _____

5. Tú: _____

6. Tú: _____

7. Tú: _____

10-3. La entrevista de Clara. Clara ha tenido su primera entrevista de trabajo. Ahora se la está contando a su amigo Sergio. Escucha el diálogo tantas veces como sea necesario y responde a las siguientes preguntas.

1. Clara ha tenido una entrevista para ser
    a. taxista.
    b. arquitecta.
    c. ingeniera.

2. La entrevista es para un trabajo
    a. fijo a tiempo parcial.
    b. no fijo a tiempo completo.
    c. fijo a tiempo completo.

3. La segunda entrevista será dentro de
    a. un mes.
    b. una semana.
    c. varios días.

4. En las dos semanas siguientes Clara tiene
    a. dos entrevistas.
    b. cuatro entrevistas.
    c. cinco entrevistas.

5. Clara está en un período de
    a. buena suerte.
    b. mala suerte.
    c. poca suerte.

6. Sergio llamará a Clara para hacer
    a. una casa.
    b. un puerto.
    c. un lago.

10-4. Impresiones. Ahora, escucha otra vez el diálogo anterior, fijándote en el tono de voz de las personas. Después, responde a las preguntas.

1. ¿Cómo se encuentra Clara después de hacer la entrevista?

_____

2. ¿Tú crees que Clara piensa que la van a llamar?

_____

3. ¿Qué crees que piensa Sergio de sí mismo?

_____

4. ¿Qué significa la expresión *toco madera*?

_____

5. ¿Por qué toca madera Clara?

_____

2. The relative pronouns *que*, *quien*, and *lo que*, and the relative adjective *cuyo*

10-5. El comienzo de un negocio. Escucha las siguientes frases tantas veces como sea necesario. Después, escribe el pronombre relativo en cada frase y explica por qué se usa.

MODELO: **Tú oyes:**   Ya ha llegado el giro postal que me mandaste.
Tú escribes: *que, porque el antecedente es una cosa.*

1. _____

2. _____

3. _____

4. _____

5. _____

6. _____

7. _____

8. _____

9. _____

10-6. La reunión de vecinos. Alicia te va a hablar sobre una reunión de vecinos muy interesante que tuvo la semana pasada. Escucha lo que dice tantas veces como sea necesario y marca las frases siguientes según sean ciertas (C) o falsas (F).

_____ 1. A Alicia no le gusta el perro, pero le gusta la mujer.

_____ 2. El director del banco tiene poco tiempo.

_____ 3. El presupuesto era bueno.

_____ 4. A Alicia le pone nerviosa la presencia de su vecina.

_____ 5. Alicia no entiende por qué la mujer hablaba tanto.

_____ 6. La paciencia del director del banco no se acabó.

_____ 7. La mujer continuó hablando hasta el final.

3. The relative pronouns *el/la cual* and *los/las cuales*

10-7. En el banco. Escucha las siguientes frases y señala cuál es el pronombre relativo en cada una y a qué palabra hace referencia. Recuerda que puedes escuchar la cinta tantas veces como sea necesario.

MODELO: **Tú escuchas:** La bolsa de Nueva York, la cual es muy famosa, está en la calle Wall.
Tú escribes: *La cual → la bolsa*

1. _____

2. _____

3. _____

4. _____

5. _____

6. _____

7. _____

8. _____

10-8. Lo que hacen las personas. En este fragmento vas a escuchar las descripciones de las personas en el dibujo. Escucha la cinta tantas veces como sea necesario y después, escribe el número correspondiente junto al dibujo de cada persona.

MODELO: **Tú escuchas:** La niña, la cual tiene una coleta y una camisa, es la hija del director del banco. (0)
Tú escribes: *0* junto al dibujo de la niña.

10-9. La primera tarjeta de crédito. Esther ha tenido muchos problemas para conseguir una tarjeta de crédito. Ahora ella le habla a su amigo Rafa de los problemas que ella tuvo. Escucha la conversación tantas veces como sea necesario y responde a las siguientes preguntas.

1. Esther no tenía una tarjeta de crédito porque
    a. la buscaba la policía.
    b. tenía deudas en el banco.
    c. hubo una confusión.

2. Esther había pedido una tarjeta de crédito
    a. muchas veces.
    b. alguna vez.
    c. nunca.

3. Esther no tenía la tarjeta por
    a. estar en bancarrota.
    b. un problema de la computadora.
    c. tener poco dinero.

4. El nuevo crédito de Esther es

    a. muy alto.

    b. normal.

    c. bajo.

5. Esther piensa comprar

    a. un estéreo.

    b. libros.

    c. un billete de avión.

6. Esther piensa usar la tarjeta

    a. a menudo.

    b. una vez al mes.

    c. con cuidado.

⊕**10-10. Ampliación de vocabulario.** En el diálogo anterior escuchaste expresiones que tal vez no hayas oído antes. Léelas e intenta descifrar su significado por el contexto. Recuerda que puedes volver a escuchar el diálogo tantas veces como sea necesario.

1. Por si las moscas: _____

2. Menos da una piedra: _____

3. El dinero te quema las manos: _____

4. Tener un agujero en el pantalón: _____

SÍNTESIS

⊕**10-11. Antes de escuchar.** En la próxima actividad vas a escuchar un fragmento sobre unos empresarios bastante jóvenes. Ahora, contesta las siguientes preguntas para averiguar qué sabes tú sobre el mundo del trabajo.

1. ¿Cuál fue tu primer trabajo? ¿Qué hacías? ¿Cuánto ganabas?

_____

_____

_____

2. ¿Qué tipo de trabajos has tenido? ¿Te han gustado? ¿Por qué?

_____

_____

_____

3. ¿Crees que tener un título universitario ayuda a conseguir un buen trabajo? ¿Por qué?

_____

_____

_____

4. ¿Has tenido algún negocio alguna vez? ¿Has pensado en tenerlo? Razona tu respuesta.

_____

_____

_____

5. ¿Por qué crees que hay jóvenes que crean sus propias empresas?

_____

_____

_____

10-12. Mientras escuchas. A continuación vas a escuchar un fragmento sobre jóvenes empresarios españoles. Escucha la cinta tantas veces como sea necesario y después, responde a las siguientes preguntas.

1. ¿Qué tipo de trabajos hacen los jóvenes para independizarse?

_____

_____

_____

2. Bernardo Ungría da cuatro razones por las que los jóvenes deciden ser empresarios. ¿Cuáles son?

a. _____

b. _____

c. _____

d. _____

3. En la cinta se dice que no hay características generales que describan a todos los jóvenes empresarios. Sin embargo, se habla de cuatro rasgos comunes en los jóvenes empresarios ¿Cuáles son?

a. _____

b. _____

c. _____

d. _____

4. Hay dos cosas a las que renuncia el joven empresario ¿Cuáles son?

a. _____

b. _____

➔10-13. Después de escuchar.

1. ¿En qué te gustaría trabajar en el futuro?

_____

_____

2. ¿Quieres ser dueño de tu propia empresa? ¿Por qué?

_____

_____

_____

3. Una de de las características de tener tu propio negocio es que tú eres tu propio jefe
   Escribe cuáles son las ventajas y desventajas de ser tu propio jefe.

Ventajas

Desventajas

11 El tiempo libre

1. Sequence of tenses with the subjunctive

11-1. Mezclas. Escucha las siguientes frases en las que uno de los verbos está en el subjuntivo. Identifica cuál es el verbo, si es presente o imperfecto de subjuntivo y explica por qué.

MODELO: **Tú escuchas:**   Dudaba que él supiera navegar a vela.
           Tú escribes: *supiera → imperfecto de subjuntivo porque dudaba es*
                         imperfecto.

1. _____

2. _____

3. _____

4. _____

5. _____

6. _____

7. _____

8. _____

9. _____

10. _____

11-2. Problemas, intenciones, deseos. . . Raúl, Sofía, Elena, Cristina y Teresa son deportistas. Su vida no es fácil y tienen problemas, intenciones y deseos que la gente no entiende. Por eso ellos han ido a hablar con un consejero para que les ayude a solucionar sus problemas. Lee atentamente lo que les pasa. Después, escucha la cinta y di cuál es la respuesta del consejero que le corresponde a cada una de estas personas.

A. _____

Teresa: Llevo varios años entrenando para este campeonato internacional de atletismo. Ahora siento mucha presión. Pienso que todo el mundo, mis amigos, mis entrenadores y mi familia esperan que gane el torneo. Estoy muy nerviosa. Por las noches tengo pesadillas y me despierto sudando. A veces pienso que lo mejor es que no vaya al campeonato. Sé que lo que me pasa es que tengo miedo.

B. _____

Elena: Ayer me fracturé el brazo. Fue muy doloroso. Lo peor es que estaba entrenando para una competición de remo. Con una sola mano no puedo remar y no puedo participar en la competición nacional el próximo mes. La próxima competición a nivel nacional será dentro de seis meses. No sé si para entonces ya tendré fuerzas en el brazo.

C. _____

Raúl: Una de mis grandes pasiones fue el paracaidismo. Me encantaba saltar del avión y sentir el peligro durante unos segundos. Pero el paracaidismo es un deporte peligroso. Un día el paracaídas de uno de mis amigos no se abrió y él se mató. Desde entonces no he podido volver a saltar. ¿Cómo es posible que desde aquel momento haya cambiado tanto mi pasión por volar?

D. _____

Sofía: Entreno todos los días porque quiero ir a las próximas olimpiadas. Estoy en un equipo de vela. Cuando era pequeñita mi madre me llevaba con ella a navegar. Ahora corro para mantenerme ágil y levanto pesas para tener fuerzas. El deporte de la vela es muy duro pero me apasiona. A veces pienso que me apasiona demasiado. El único tema de conversación que tengo con mis amigos es el de navegar. No hablo de nada más.

11-3. El campamento. El año pasado Ayem fue a un campamento. Le gustó tanto que ahora quiere ir otra vez y les está contando a sus padres todas las cosas que hizo y que quiere volver a hacer. Escucha su relato tantas veces como sea necesario y contesta las preguntas siguientes.

1. Cuando hacían ejercicio había
   a. un monitor.
   b. al menos un monitor.
   c. varios monitores.

2. La gente del pueblo era
   a. amable.
   b. antipática.
   c. tímida.

3. Según la gente del pueblo el *Pato* era una persona
   a. peligrosa.
   b. asustadiza.
   c. loca.

4. Cuando el *Pato* vio el accidente dijo que el monitor estaba
   a. muerto.
   b. dormido.
   c. inconsciente.

5. Cuando estaban con el *Pato*, Ayem y sus amigos estaban
   a. tranquilos.
   b. nerviosos.
   c. relajados.

6. Ayem piensa que la experiencia del verano fue
   a. buena.
   b. mala.
   c. regular.

2. Uses of definite and indefinite articles

11-4. Artículo, ¿sí o no? Escucha las siguientes frases. Algunas llevan el artículo definido, otras un artículo indefinido y otras no llevan artículo. Escucha la cinta tantas veces como necesites e identifica en cada frase si lleva artículo o no, y cuál es la razón.

MODELO: **Tú escuchas:** El sol nos da calor.
            Tú escribes: *el, porque es un nombre que es específico.*

1. _____

2. _____

3. _____

4. _____

5. _____

6. _____

7. (2 casos) _____

8. _____

9. _____

10. _____

11-5. El matrimonio Domínguez. Marcos te va a hablar sobre el matrimonio Domínguez. Pero primero, tú tienes que unir los principios de las frases de la izquierda con los finales de frase que aparecen a la derecha para formar ideas lógicas. Después escucha lo que dice Marcos tantas veces como sea necesario y comprueba si lo que dice Marcos en la cinta coincide con lo que tú escribiste.

1. Los Domínguez hablan   a) colecciona sellos.
2. La señora Domínguez   b) un matrimonio encantador.
3. Él tiene   c) profesor en la universidad.
4. Sus alumnos dicen que   d) cien barajas de naipes.
5. Él es   e) el profesor Domínguez es genial.
6. Yo conozco a   f) francés, alemán, inglés y español.
7. Sus idiomas favoritos son   g) el alemán y el inglés.
8. A todo el mundo le gusta   h) le digo cuando la veo.
9. Señora Domínguez   i) el matrimonio Domínguez.

3. Uses of the gerund and the infinitive

11-6. Silencio, por favor. Santiago es el gerente en una empresa en la que todo el mundo está un poco nervioso hoy. Ahora vas a escuchar lo que algunos empleados le dicen a Santiago. Escucha la cinta tantas veces como sea necesario y después, decide qué opción de la caja le corresponde a cada frase.

> Cantar es divertido pero no en el trabajo.   Escuchando y mirando se aprende mucho.
> Bajando las escaleras.   Haciendo ejercicio.
> Pedir y se os dará.   Se prohibe fumar.

1. _____

2. _____

3. _____

4. _____

5. _____

6. _____

11-7. Personajes famosos. Cada persona famosa tiene su pasión. Escucha la cinta tantas veces como sea necesario y enlaza cada persona famosa con la frase que le vaya mejor a cada una.

1. Madonna: _____

2. Albert Einstein _____

3. Ernest Hemingway _____

4. Sigmund Freud _____

5. Winston Churchill _____

6. Marilyn Monroe _____

7. Stanley Kubrick _____

8. Rigoberta Menchú _____

11-8. ¡Apuestas! Carmen y sus amigas se han reunido esta noche para jugar una partida. Escucha su conversación tantas veces como sea necesario y responde a las siguientes preguntas.

1. Las mujeres están jugando
    a. a las cartas.
    b. al parchís.
    c. a las canicas.

2. Las mujeres apuestan
    a. la cena.
    b. las bebidas.
    c. los puros.

3. Las mujeres son
    a. tres.
    b. cinco.
    c. cuatro.

4. Estas amigas piensan jugar
    a. hasta las doce de la noche.
    b. toda la noche.
    c. hasta las tres de mañana.

5. El ambiente entre las mujeres es
   a. tenso.
   b. divertido.
   c. aburrido.

6. Marta va a contar
   a. una historia.
   b. un problema.
   c. un chisme.

11-9. ¿Cómo son ellas? Escucha la cinta otra vez y escribe en el recuadro cómo te imaginas que son estas mujeres, por sus voces y por lo que ellas dicen en la conversación.

	Marta	Eva	Lucía	Cristina	Carmen
Edad					
Profesión					
Estatura					
Peso					
Color de ojos					
Estado civil					
¿Pareja?					
Gustos (fumar, bailar, leer, hacer deporte...)					

SÍNTESIS

11-10. Antes de escuchar. En la próxima actividad vas a escuchar un fragmento sobre los juegos de azar. Ahora, contesta las siguientes preguntas para ayudarte a descubrir cuánto sabes tú ya sobre este tema.

1. Cuando juegas a algún deporte, ¿te gusta apostar? ¿Por qué?

_____

_____

2. ¿Qué tipo de juegos están permitidos en este país?

_____

_____

3. ¿Dónde se encuentra la mayoría de los casinos y salas de juego?

_____

_____

_____

4. ¿Por qué crees que la gente juega en los casinos? ¿Qué buscan en lugares como Las Vegas?

_____

_____

11-11. Mientras escuchas. Ahora escucha el fragmento tantas veces como sea necesario y responde a las siguientes preguntas según la información que escuches.

1. ¿Por qué se juega?

_____

_____

2. Los españoles juegan por tres razones. ¿Cuáles son?

a. _____

b. _____

c. _____

3. ¿Sabes cuál es el antecedente del juego legalizado?

_____

_____

_____

4. La lotería y la ONCE son dos juegos de azar muy conocidos en España. Completa el siguiente cuadro con la información de la cinta.

	Lotería Nacional	ONCE
origen (año)	a.	c.
reforma (año)	b.	d.
propósito de la reforma	ayuda al estado	creación del cuponazo para impulsar a la ONCE

➔11-12. Después de escuchar.

1. En algunos estados de Estados Unidos el juego y la lotería están legalizados ¿Crees que el tipo de educación o nivel social de las personas influyen en quién participa en el juego de la lotería?

_____

_____

_____

2. ¿Crees que hay diferencia entre las personas que juegan al casino o a la lotería? ¿Crees que hay un juego que es más sofisticado que otros?

_____

_____

_____

12 Hacia un nuevo milenio

1. *Se* for unplanned occurrences

12-1. Un mal día. Luis ha tenido uno de esos días en los que todo sale mal y ha tenido que disculparse y dar explicaciones todo el día por lo que le está pasando. Escucha la cinta tantas veces como sea necesario y decide cuál de las frases en la caja diría Luis en cada situación.

Se me ha estropeado el coche.
Se me ha perdido la cartera.
Se me han olvidado en casa.
Se me ha estropeado la computadora.
Se me han quedado las llaves en la oficina.

1. _____

2. _____

3. _____

4. _____

5. _____

12-2. Mala suerte. Hay días en los que sería mejor no despertarnos. Escucha la historia que cuenta María tantas veces como necesites, y di si las siguientes frases son ciertas (C) o falsas (F).

1. _____ Sonó el despertador pero María siguió durmiendo.
2. _____ Llegó tarde al examen de física.
3. _____ María se cayó en un sitio lleno de agua.
4. _____ Se le olvidó la cartera en casa.
5. _____ El coche funcionó bien.

12-3. Novelas de terror. Miguel es una persona llena de fantasías. Escucha su relato tantas veces como sea necesario y responde a las preguntas siguientes.

1. Miguel es un personaje de
   a. la vida real.
   b. de una novela de misterio.
   c. de una novela.

2. La historia se desarrolla en
   a. el muelle.
   b. el puerto.
   c. la ciudad.

3. Miguel vio acercarse a
   a. unos borrachos.
   b. la tripulación de un barco.
   c. algunos jóveness borrachos.

4. Cuando los marineros entraron en la casa empezó una
   a. reunión.
   b. pelea.
   c. fiesta.

5. Cuando abrió los ojos Miguel estaba en
   a. el fondo del mar.
   b. un barco ilegal.
   c. un cuarto conocido.

6. Miguel se dio cuenta de que él no era
   a. un prisionero.
   b. un marinero.
   c. un héroe.

➔**12-4. Impresiones.** Responde a las siguientes preguntas teniendo en cuenta lo que has escuchado en la cinta de la actividad anterior.

1. Imagínate que eres una persona que da interpretaciones a los sueños, ¿qué puede significar el sueño que ha tenido Miguel?

_____

_____

_____

2. ¿Crees que en los sueños mostramos nuestros deseos ocultos?

_____

_____

_____

3. ¿Has soñado alguna vez con algún libro o película que habías leído? Descríbelo.

_____

_____

_____

2. The passive voice

12-5. Descubrimientos. Escucha las siguientes oraciones en voz activa tantas veces como necesites y ponlas en pasiva usando el *se* y la forma pasiva del verbo.

MODELO: **Tú escuchas:** Galileo observó que la Tierra giraba alrededor del Sol en el siglo XVI.
Tú escribes: En el siglo XVI se observó que la Tierra giraba alrededor del Sol.

1. Ya en la antiguedad _____.

2. En 1969 _____.

3. Desde Houston _____.

4. En la Segunda Guerra Mundial _____.

5. En los 50 _____.

6. La escritura _____.

7. El teléfono _____.

8. En la Guerra de Crimea _____.

12-6. Personajes famosos en apuros. Los siguientes personajes históricos están en apuros. Escucha las siguientes frases tantas veces como sea necesario y di a quién le puede corresponder cada una.

Leonardo Da Vinci	Jules Verne
Isaac Newton	Pablo Picasso
Alexander Graham Bell	Max Planck
Rudyard Kipling	

1. _____

2. _____

3. _____

4. _____

5. _____

6. _____

7. _____

3. Diminutives and augmentatives

12-7. Cuentos. A menudo los títulos de los cuentos tienen algún diminutivo o aumentativo. Relaciona los siguientes títulos o personajes con su pareja correspondiente.

1. Los tres cerditos
2. El Principito
3. Blancanieves
4. Caperucita Roja
5. El patito feo
6. La sirenita

a) salvó al príncipe
b) se convirtió en cisne
c) visita a la abuela
d) engañan al lobo
e) vive con los siete enanitos
f) quería una rosa

12-8. Cosita, cosaza. A continuación tienes una serie de nombres con diminutivos y aumentativos. Escucha la descripción de cada elemento en la cinta, y elige la opción que le corresponda de las palabras de la caja.

El Quijote   el Titanic   la torre Sears
Júpiter   Harrison Ford   un pigmeo
Rolls Royce   Dani DeVito   el Everest
Mercurio   Wolskwagen

MODELO: **Tú escuchas:** Una estatua grandota
Tú escribes: La Estatua de la Libertad

1. _____
2. _____
3. _____
4. _____
5. _____
6. _____

7. _____
8. _____
9. _____
10. _____
11. _____

12-9 Mis profesores. Mercedes les cuenta a sus sobrinos que hacía ella en el colegio cuando era niña. Escucha el fragmento tantas veces como sea necesario y responde a las siguientes preguntas.

1. Cuando era pequeña Mercedes era una
   a. estudiante buena.
   b. estudiante mala.
   c. estudiante regular.

2. Una clase que no le gustaba era
   a. literatura.
   b. química.
   c. física.

3. La profesora de historia era
   a. una mujer pequeñita y torpe.
   b. una mujer grande y torpe.
   c. una mujer grande y nerviosa.

4. Según Mercedes, Alberto es
   a. inteligente pero muy perezoso.
   b. vago y un poco perezoso.
   c. inteligente y trabajador.

5. Mercedes piensa que los amigos de Alberto son
   a. malas personas y una mala influencia.
   b. muy divertidos y una buena influencia.
   c. muy divertidos pero mala influencia.

6. Alberto piensa escribir
   a. un dramón.
   b. una telenovela.
   c. un novelón.

SÍNTESIS

➲12-10. **Antes de escuchar.** Imagínate que estás en el año 2235. Piensa quién hará cada una de las siguientes cosas, y marca el cuadro correspondiente.

	los seres humanos	las máquinas
1. Trabajar en un supermercado.		
2. Poner gasolina a los coches.		
3. Conducir los coches.		
4. Preparar la comida.		
5. Corregir exámenes.		
6. Hacer investigaciones en el espacio.		
7. Trabajar en centrales de energía.		
8. Explorar planetas desconocidos.		

1. El fragmento que vas a escuchar se titula *Un Millón*. ¿Cuál crees que es el tema? ¿Por qué?

_____

_____

_____

12-11. Mientras escuchas.

Fragmento A

1. Ahora vas a escuchar el **Fragmento A**, ¿de qué piensas que se trata el fragmento? Explica qué detalles apoyan tu opinión.

_____

_____

_____

Fragmento B

2. A continuación vas a escuchar en el **Fragmento B** los momentos finales de la actuación de Raúl, uno de los concursantes. Raúl ha llegado al final del concurso y está a punto de ganar o de perder un millón. Escucha atentamente y responde a las siguentes preguntas.

a. ¿Cómo es la personalidad de Raúl?

_____

_____

_____

b. ¿Qué es lo que ofrece Raúl al concurso si es que pierde la apuesta?

_____

3. En este fragmento hay un momento de tensión entre Raúl y el presentador del concurso. ¿Qué es lo que ocurre?

   _____

   _____

   _____

   _____

⊙12-12. Después de escuchar.

1. ¿Qué te parecería tener que hablar con una máquina que tuviera el poder de decidir si dices la verdad o no?

   _____

   _____

   _____

   _____

2. Según la información de la cinta, ¿por qué crees que Raúl no quiere aceptar la oferta que le ofrece la compañía Wellman?

   _____

   _____

   _____

3. ¿Por qué crees que Raúl insiste en seguir con su oferta hasta el final? ¿Qué hubieras hecho tú?

   _____

   _____

   _____

Lección 1
El más allá

PRIMERA PARTE

1. The preterit tense

1-1. La semana de Agustín.
Martes: estudió en casa hasta las dos de la mañana.

Miércoles: entregó dos trabajos, uno para la clase de Tomás y otro para la clase de literatura.

Jueves: estudió estadística para el examen del viernes.

Viernes: no salió por la noche. Se fue a la cama.

Sábado: no pudo dormir hasta tarde. Limpió y preparó comida para diez personas.

Domingo: durmió y durmió hasta tarde.

1-2. La pesadilla de María.
1. María leyó un libro de miedo.
2. Alguien entró en su cuarto.
3. El monstruo miró fijamente a María.
4. El monstruo se empezó a reír.
5. El monstruo empezó a llorar.
6. María le preguntó qué le ocurría.
7. El monstruo se convirtió en un esqueleto.
8. María se despertó sudando.

2. The imperfect tense

1-3. La curandera.
1. Cuando era niña caminaba todos los días para buscar hierbas.
2. El Gran Curandero me enseñaba a diferenciar las hierbas buenas de las malas.
3. A veces, el Gran Curandero y yo sumergíamos los pies en el río helado.
4. Las privaciones fortalecían el alma.
5. La gente del pueblo respetaba mucho al curandero.
6. Con su magia y conocimientos curaba a los enfermos.
7. El secreto del curandero era hablar poco y escuchar.

1-4. Las familias de Anna y Vicente.
1. Anna
2. Vicente
3. Anna
4. Anna y Vicente
5. Anna
6. Anna

1-5. La historia de Lucía.
1. Falso
2. Falso
3. Falso
4. Falso
5. Falso

1-6. Ampliación de vocabulario.
1. very clear
2. to realize
3. to smell fishy
4. to go beyond a joke; to be the limit

SEGUNDA PARTE

3. Preterit vs. imperfect

⊕1-7. El susto de Cristina.
1. era
2. contaba
3. una noche
4. dormían

5. y

6. fui

7. cuando

8. había

9. entonces

1-8. Leyendas.

1. *era* (imperfecto) porque es una descripción.

   escuchó (pretérito) porque es una acción que interrumpe a otra. Va precedido por *de repente*.

2. *quedó* (pretérito) porque indica el final de un suceso.

3. *comenzaron* (pretérito) va precedido de *de golpe*.

   corrieron (pretérito) es una acción en serie que sigue a *comenzaron*.

   pasaba (imperfecto) porque es una descripción.

4. *encontraron* (pretérito) por el significado del verbo *encontrar*.

5. *vieron* (pretérito) porque es una acción en un momento determinado.

   era (imperfecto) porque es una descripción.

   percibía (imperfecto) porque es una descripción.

6. *llevaban* (imperfecto) porque va precedido por *mientras*.

   preguntaba (imperfecto) porque es una acción continua.

   era (imperfecto) porque es una descripción.

7. *llegó* (pretérito) porque la acción concluye.

   era (imperfecto) porque es una descripción.

   quedó (pretérito) porque indica el fin de una serie de sucesos.

1-9. La muerte anda por la calle.

1. b

2. b

3. c

4. b

5. b

6. b

7. a

SÍNTESIS

⊕1-10. Antes de escuchar.

1. juglares, romancero, etc.

2. de forma oral

3. hazañas, pasiones, conquistas, luchas entre pueblos, etc.

1-11. Mientras escuchas.

a. un caballero es envenenado por una mujer a la que él había seducido. Ese caballero se casó con otra mujer.

b. Mariana o Marianita

c. Romance de La Gallarda

d. La matadora de sus amantes

e. Tetuán (Marruecos); versión judeo-española

f. La serrana de la Vera

1.12 Por fragmentos.

Primera parte

Fragmento A

1. a. Tres romances sobre mujeres asesinas

   b. La mujeres asesinas rompen con las limitaciones de las mujeres en la Edad Media. No son mujeres pasivas y sumisas; por el contrario, son capaces de matar por venganza o por un amor no correspondido o traicionado.

Segunda parte

Fragmento B

2. a. El tema de las mujeres matadoras viene de las culturas griega y romana.

   b. Respuestas varias.

Lección 2
La tecnología y el progreso

PRIMERA PARTE

1. Uses of *ser*, *estar*, and *haber*

➔2-1. La contaminación.
1. es
2. había
3. hay
4. está
5. es
6. Hay
7. somos

2-2. La campana molesta.
1. *es* porque cara es una característica de gasolina.
2. *hay* porque señala la existencia de personas.
3. *es* porque razón se identifica con el sujeto.
4. *hay* porque señala la existencia del transporte público.
5. *está* porque convencida es el resultado de una acción previa, convencer.
6. *hay* porque forma parte de la estructura *haber que* + infinitivo.
7. *hay* porque habla de las campañas de educación.
8. *es* porque va precedido por una característica del transporte público.
9. *hay* porque indica la existencia de contaminación en la ciudad de México.

2. The future tense

➔2-3. Negociaciones.
1. Las fábricas contaminarán más en el año 2050.
2. Los desperdicios causarán más problemas en los ríos en el año 2050.
3. El mar estará más sucio para el año 2050.
4. Las máquinas producirán más desechos para el año 2050.
5. Las empresas no se preocuparán por el medio ambiente en el año 2050.

2-4. El mes sobre el medio ambiente.
— El martes, 7 de noviembre, el decano de la facultad se reunirá con los representantes de los movimientos ambientales europeos.
— El 17 de noviembre habrá una conferencia sobre los efectos de la contaminación en la capa de ozono.
— Probablemente el 27 de noviembre habrá una conferencia sobre la deforestación de la selva amazónica.
— El 29 de noviembre habrá una conferencia sobre deforestación en Costa Rica.

2-5. La tecnología copia el mundo real.
1. c
2. b
3. c
4. b
5. b
6. a

2-6. Ampliación de vocabulario.
1. to take advantage of
2. to keep
3. to obtain

4. resource
5. resistant
6. lasting
7. snail

SEGUNDA PARTE

3. The Spanish subjunctive in noun clauses

2-7. La tecnología en la casa.
1. emoción
2. hecho real
3. hecho real
4. expresión impersonal
5. emoción
6. duda/negación
7. hecho real
8. hecho real
9. voluntad

2-8. El cine y la realidad.
1. *digan*, subjuntivo porque es improbable.
2. *preocupamos*, indicativo porque es algo cierto.
3. *cambiemos*, subjuntivo porque hay dudas.
4. *nos demos cuenta*, subjuntivo porque es algo imposible.
5. *podamos*, subjuntivo porque es emoción.

2-9. Las computadoras y los niños.
1. Cierto
2. Cierto
3. Falso
4. Cierto
5. Cierto
6. Cierto

⊙2-10 Y ahora tú.
Respuestas varias.

SÍNTESIS

⊙2-11. Antes de escuchar.
1. alternativa (b)
2. petróleo (b)
3. solar (b)
4. eólica (a)
5. renovable (b)

2-12. Mientras escuchas.
Respuestas varias.

⊙2-13. Después de escuchar.
Respuestas varias.

Lección 3
Los derechos humanos

PRIMERA PARTE

1. The subjunctive with impersonal expressions

3-1. Violencia en el hogar.

Posibles respuestas:

1. Es horrible que no denuncien estos casos.
2. ¡Es increíble que todavía sucedan estas cosas!
3. ¡Es probable que ayuden a muchas mujeres!
4. Es cierto que hacen una gran labor.
5. Es indudable que es difícil salir de una situación así.

3-2. Paz en el mundo.

1. *busquen*, subjuntivo porque expresa opinión.
2. *haya*, subjuntivo porque expresa probabilidad.
3. *apoya*, indicativo porque es una expresión que indica certeza.
4. *encontrar*, infinitivo porque hay un sujeto expreso en la cláusula dependiente.
5. *desea*, indicativo porque *es evidente* indica certeza.
6. *escuchen*, subjuntivo porque expresa necesidad u opinión.
7. *olvidar*, infinitivo porque hay un sujeto expreso en la oración.

3-3. Derechos humanos en el mundo.

1. c
2. a
3. c
4. a
5. c

➔3-4. Reflexiones.

1. En la antigua Yugoslavia el presidente Milosevic emprendió una cruzada de limpieza étnica en la región de Kosovo. El ex líder camboyano Pol-Pot, fue responsable por la muerte de millones de personas.
2. Respuestas varias.

SEGUNDA PARTE

2. Direct and indirect object pronouns and the personal *a*

3-5. Injusticia en el mundo.

1. Objeto directo: la carta
   Objeto indirecto: el presidente
   El periodista se la mandó.
2. Objeto directo: la carta
   El presidente la va a publicar.
3. Objeto directo: Milosevic
   Los medios de comunicación quieren entrevistarlo en agosto.
4. Objeto directo: la guerra
   Milosevic no quiere terminarla.
5. Objeto directo: los derechos humanos
   Los países aliados quieren garantizarlos.

3-6. Reacción a la declaración de los derechos humanos.

1. la
2. la
3. le
4. los
5. nos

3. *Gustar* and similar verbs

⊕3-7. Garzón y Pinochet.

1. me cae mal
2. me cae bien/me fascina
3. me parece
4. queden
5. hace falta
6. interesa

3-8. Me gusta y me disgusta.

1. Caer bien
2. Impresionar
3. Molestar
4. Caer mal

3-9. Las mujeres en el mundo del trabajo.

1. b
2. c
3. b
4. a
5. a

⊕3-10. Reflexiones.

1. Hubo nuevos puestos de trabajo de más interés para los hombres que ofrecían mejores salarios. Algunos puestos de la enseñanza fueron ocupados por mujeres.

   La mujer vio en la enseñanza una forma de ser independiente y de mantenerse económicamente sin tener que depender de sus padres o de un marido.

2. Respuestas varias.
3. Respuestas varias.

SÍNTESIS

⊕3-11. Antes de escuchar.

1. tribunal
2. dictamen
3. presos
4. delito
5. dictadura
6. fiscal
7. ley

3-12. Mientras escuchas.

1. Militares y personas afines a la dictadura raptan a los hijos de los presos.
2. Los niños raptados viven con familias adoptivas.
3. Los niños nunca descubren quiénes son sus padres verdaderos.
4. Se presentó una acusación, una querella, en contra de los militares.
5. El caso de los niños raptados será investigado.

Lección 4
El individuo y la personalidad

PRIMERA PARTE

1. Reflexive constructions

4-1. El señor Domínguez.

a sí mismo:
- se despierta (despertarse)
- se levanta (levantarse)
- se ducha (ducharse)
- se afeita (afeitarse)
- se pone (ponerse)
- se peina (peinarse)
- se lava (lavarse)
- se seca (secarse)
- se maquilla (maquillarse)

a los hombres:
- afeita
- maquilla
- peina

a las mujeres:
- peina
- afeita
- maquilla

4-2. Los novios.
1. Ella llevaba un vestido de flores pequeñitas.
2. Me enamoré de ella inmediatamente.
3. Nos llevábamos muy bien desde el primer momento.
4. Nos veíamos todos lo días.
5. Nos dimos el primer beso debajo de un árbol.
6. Nos llamábamos por teléfono constantemente.

7. Nos escribíamos cartas de amor.

4-3. Una historia de Carmen.
1. c
2. b
3. c
4. b
5. a
6. a

SEGUNDA PARTE

2. Agreement, form, and position of adjectives

4-4. La fiesta de ayer.
1. f
2. h
3. e
4. k
5. i
6. d
7. c
8. g
9. b
10. j
11. a

4-5. Las dos amigas.

Doña Elvira
- lleva una chaqueta nueva
- parece desafortunada
- elegante
- pequeña
- delgada
- pobre mujer

Doña Pilar
- grande
- alta

lleva una chaqueta vieja
parece dichosa
rebelde
tiene mucha imaginación

3. The past participle and the present perfect tense

4-6. ¿Han vuelto de viaje?

Luis

ha preparado la comida.
no ha comprado el café y la leche.
no ha sacado dinero del banco.
no ha comprado las flores.

Manuel

ha sacado dinero del banco.
ha limpiado los cuartos.
ha limpiado el baño.
les ha pedido la cola a los vecinos.
no ha hecho las camas.
no ha arreglado las sillas.

4-7. Un mal día.

1. a
2. c
3. e
4. b
5. d

4-8. Raúl.

1. a
2. a
3. c
4. b
5. c
6. b

⊕4-9. Impresiones.

1. Raúl es un sinvergüenza. No es una buena persona.
2. Marcos habla de ella con ironía, por lo tanto sus sentimientos no son positivos hacia ella.
3. Se ríen de lo que le ha pasado a Raúl.
4. Arcea duda que Raúl cambie.

SÍNTESIS

⊕4-10. Antes de escuchar.

1) 1.   e.   E.
2) 2.   a.   D.
3) 3.   b.   C.
4) 4.   g.   G.
5) 5.   c.   B.
6) 6.   d.   A.
7) 7.   f.   F.

4-11. Mientras escuchas.

Primera parte

a. El Guernica
b. pintor / artista (varias respuestas posibles)
c. pintor universal
d. Andalucía / Moguer (Huelva) (varias respuestas posibles)
e. *Platero y yo*
f. Premio Nobel de Literatura
g. escritor
h. Ávila (ciudad castellana)
i. escritora mística / poeta
2. Es el centenario de todos estos personajes.
Picasso nació en 1881.
Juan Ramón Jiménez también nació en 1881.
Calderón murió en 1681.
Santa Teresa murió en 1582, pero la celebración de su centenario empieza en octubre de 1981.

Segunda parte

Respuestas varias.

⊕4-12. Después de escuchar.

Respuestas varias.

Lección 5
Las relaciones personales

PRIMERA PARTE

1. The subjunctive vs. the indicative in adjective clauses

⊕**5-1. Consejero matrimonial.**
Posibles respuestas:

Señor Pelayo

1. Busco una persona que se ría de mis chistes.
2. Quiero una persona que no pelee conmigo.
3. Necesito una persona que sea sensible.
4. No quiero una persona que sea dominante.

Señora Pelayo

1. Busco una persona que me traiga el desayuno a la cama.
2. Necesito un hombre que me escuche cuando le cuento algo.
3. No quiero una persona que tenga celos cuando hablo con otros hombres.
4. Quiero una persona con quien salir a cenar y hablar toda la noche.

5-2. Se busca pareja.
Sofía	b
Simón	a
Juan	e
Ángel	d
Elena	c

5-3. El consultorio de doña Consuelo.

1. a
2. b
3. a
4. c
5. b
6. a

⊕**5-4. Impresiones.**
Respuestas varias.

SEGUNDA PARTE

2. The future perfect and pluperfect tenses

⊕**5-5. Dentro de unos años.**
Posibles respuestas:

1. Para el año 2013 habré terminado de estudiar.
2. Para el año 2009 habré vivido un apasionado romance con un amante.
3. Para el año 2024 habré tenido tres hijos.
4. Para el año 2015 habré trabajado en un hospital.
5. Para el año 2002 habré conocido la pasión.
6. Para el año 2030 no habré perdido todo el dinero en un juego de azar.
7. Para el año 2059 habré tenido nietos.

5-6. La vida de Maite Zúñiga.

1. vivir 20 años en Madrid (2)
   nacer (1).
2. ir a la escuela (1)
   estudiar mis hermanos (2).
3. ir a la Universidad (2)
   cumplir los 15 años (1).
4. enseñar a conducir (2)
   tener 18 años (1).

5. comprarme un coche (1)
   trabajar mucho (2).

3. Comparisons with nouns, adjectives, verbs and adverbs, and superlatives

5-7. Comparando.
1. Manuel es tan callado como Paco.
2. Yo fui más consentida que mis hermanos.
3. Luisa es mayor que Felipe.
4. Este pastel es mejor que aquél.
5. Elena es tan apasionada como Eva.

5-8. Comparando profesores.
1. Cierto
2. Falso
3. Falso
4. Cierto
5. Cierto

5-9. La familia de Susi.
1. c
2. c
3. b
4. a
5. b
6. a

5-10. Expresiones.
1. to be proud of

2. to look alike
3. to gesticulate

SÍNTESIS

5-11. Antes de escuchar.
Respuestas varias.

5-12. Mientras escuchas.
1. **valle**: altas montañas; pequeño río; aguas frías; diminutas casas de los pueblos.
   trabajo: pastores y agricultores; las mujeres jóvenes se fueron a la ciudad; millar de vacas y alrededor de 5.000 ovejas.
   población: 750 personas; hombres; pocas mujeres.
   historia: Ahora es un valle casi dormido. Hace medio siglo la población era el doble; las mujeres se han ido a la ciudad a trabajar; anuncio en el periódico; hombres en el bar; película del oeste, etc.
2. Las personas ya no pueden hacer nada más y se deja en manos de la suerte o de Dios.
3. Respuesta personal.

5-13. Después de escuchar.
Respuestas varias.

Lección 6
El mundo del espectáculo

PRIMERA PARTE

1. The subjunctive vs. the indicative in adverbial clauses

➜6-1. El concurso.
1. b
2. c
3. a
4. d

6-2. El coro de la Universidad.
Posibles respuestas:
1. Después de hacer una audición Susana es miembro del coro de la universidad.
2. Susana no puede ser parte del coro hasta que no cante delante del director.
3. Un día, sin pensarlo más, se presenta para hacer la prueba.
4. Tiene miedo de que tan pronto como la oigan cantar no la admitan.
5. Varias personas se unen antes de que termine de cantar.
6. Te llamaré en cuanto tengamos el primer concierto.

6-3. Mi vida es una telenovela.
1. a
2. b
3. a
4. c
5. b
6. a

➜6-4. Ampliación de vocabulario.
1. To be mad about you (To be mad about someone)
2. Practical joke
3. To play dumb
4. To give it a personal touch

SEGUNDA PARTE

2. Commands (formal and informal)

➜6-5. Francisco, director de orquesta.
orquesta:
Siéntense en sus sitios.
Vengan al ensayo temprano.
No hablen cuando dirijo.
a una persona de la orquesta:
No se distraiga por favor.
No llegue tarde mañana.
hijos:
Comed el desayuno.
Portaos bien.
No hagáis ruido, estoy trabajando.
a uno de sus hijos:
Vete a la cama ahora mismo.
No pelees con tu hermano.

6-6. Dibujos.
Dibujos originales.

The subjunctive with *ojalá, tal vez,* and *quizá(s)*

➜6-7. Sueños en el futuro.
1. Ojalá sea tan bueno como Paco de Lucía.
2. Ojalá gane mucho dinero para poder viajar.
3. Tal vez pueda tener vacaciones largas.
4. Quizás conozca a personas famosas.
5. Tal vez me inviten a cenar y a comer a sus casas.

6. Quizás seamos buenos amigos.
7. Tal vez me está adelantando demasiado en el tiempo.

6-8 Sueños de grandeza.
1. *Quizás*, vaya → ir
2. *Ojalá*, vaya → ir
3. *Tal vez*, pueda → poder
4. *Ojalá*, acepte → aceptar
5. *Quizás*, se conmueva → conmoverse
6. *Quizás*, sea → ser.
7. *Tal vez*, sueñe → soñar

6-9. Salto a la fama.
1. a
2. b
3. b
4. c
5. c
6. a

6-10. Emociones.
Todas las respuestas que puedan tener un valor parecido son válidas.

1. alterado, emocionado
2. triste
3. enfadado
4. nervioso
5. seguro de sí mismo

⊕6-11. Antes de escuchar.
Respuestas varias.

6-12. Mientras escuchas.
1. En España
2. sevillanas, malagueñas, fandanguillos, jotas . . . las castañuelas.
3. El debut de la bailarina fue en 1931 en el teatro Auditorium de La Habana.
4. En el teatro Auditorium de La Habana, en el American Ballet, en una compañía que lleva su nombre, Alicia Alonso. Esa misma compañía se llamó después Ballet Nacional de Cuba.
5. En 1943 hizo la sustitución de la primera bailarina de la obra *Giselle*. Esta interpretación es el origen de su leyenda. Ella siente que este ballet es un bello ballet.
6. Los artistas en Cuba disponen de pocos medios. Tienen su propia fábrica de zapatillas pero a veces no tienen material y tienen que esperar. Tampoco tienen el material deseado para los decorados y los vestidos y tienen que repintar los decorados y usar varias veces los mismos materiales.
7. Algunos artistas han pedido asilo político a otros países pero ella dice que eso es una cuestión muy personal.

Lección 7

La diversidad y los prejuicios

PRIMERA PARTE

1. *Hacer* **and** *desde* **in time expressions**

➔7-1. El cajón desordenado.

1. ¿Desde cuándo vives en Madrid?
2. Hace más de 30 años que el hombre fue a la Luna.
3. Hace unos meses que estudio español.
4. ¿Cuánto tiempo hace que trabajas en el laboratorio?
5. Hacía mucho tiempo que no conocía a una feminista tan radical.

7-2. La línea del tiempo.
1. 1986: Pensaba en ir a trabajar a Madrid.
2. 1988: Fue a trabajar a Madrid.
3. 1990: Encontró trabajo en el mundo científico.
4. 1993: Conoció a la persona de su vida.
5. 1997: Encontró a la persona de su vida (se dio cuenta).
6. 1998: Empezó a trabajar en un proyecto de tecnología espacial.

7-3. Organizaciones de mujeres.
1. c
2. a
3. c
4. a
5. c
6. b

➔7-4. Ahora tú.
Respuestas varias.

SEGUNDA PARTE

2. *Por* **and** *para*

7-5. Radio estropeada.
1. *para*, porque es el propósito de una acción.
2. *por*, porque indica la razón por la que algo ocurre.
3. *por*, porque es expresión idiomática.
4. *para*, porque es comparación con otras sociedades.
5. *para*, porque es objetivo, el objetivo de las campañas es la igualdad.
6. *para*, porque es una finalidad, objetivo.

7-6. Atentos.
1. ¿A qué hora vienes por mí?
2. ¿Para cuándo es el trabajo?
3. ¿Cuánto cuesta este libro?
4. ¿Para qué habéis venido?
5. ¿Para qué es ese pastel?
6. ¿Por dónde has venido?

3. Verbs that require a preposition before an infinitive

7-7. Superar el miedo.
1. c
2. a
3. g
4. f
5. d
6. b
7. j
8. h
9. k
10. e
11. i

7-8. El plan de la semana.

1. Lunes, miércoles y viernes, aerobics a las doce.
2. Lunes a las nueve de la mañana, llamar a Lucía.
3. Miércoles por la tarde, termino el trabajo de historia.
4. Miércoles a las nueve de la noche, cena con Marta y su hermano.
5. Jueves, entregar el trabajo.
6. Viernes, salir con Ana a las diez de la noche.
7. Sábado: dormir hasta tarde.

7-9. Acoso en el trabajo.

1. c
2. b
3. c
4. b
5. a
6. b

➔7-10. Ahora tú.
Respuestas varias.

SÍNTESIS

➔7-11. Antes de escuchar
Respuestas varias.

7-12. Mientras escuchas.

Fragmento A

1. Las madres tienen miedo de que Montse les contagie el SIDA a sus hijos.
2. Las madres quieren un certificado por escrito en el que se asegure al cien por cien que el SIDA no se contagia.

3. La tía comprende el miedo de las madres pero también pide que se informen sobre lo que es el SIDA. Ésa es la única forma de enseñar a sus hijos a luchar contra la marginación y el odio.

Fragmento B

4. El médico dice que hay que acostumbrarnos a vivir con los enfermos de SIDA porque dentro de unos años van a ser tantos los enfermos del SIDA que no va a haber forma de marginarlos a todos y de crear sitios para ellos. Es una enfermedad con la que tienen que aprender a vivir.

Fragmento C

5. No, hace tiempo presentó un estudio en el que se veía que no hay ningún riesgo de transmisión aun cuando los niños o adultos compartan objetos de uso personal.

Fragmento D

6. Según el doctor Rafael Nájera no se puede minimizar el problema del SIDA. Hay que ser conscientes de que éste existe y actuar en consecuencia. Tenemos que protegernos como individuos para proteger a la sociedad.

➔7-13. Después de escuchar
Respuestas varias.

Lección 8
Las artes culinarias y la nutrición

PRIMERA PARTE

1. The imperfect subjunctive

➔8-1. Comiditas.

Posibles respuestas:
1. Yo deseaba que tuvieran trufas en el restaurante.
2. No conocía a nadie a quien le gustara tanto el cordero como a mi padre.
3. Yo quería que me diera la receta.
4. Mi madre esperaba que la comida tuviera mucha sal.
5. Yo quería que mi vecina me diera una cebolla.
6. Era posible que alguien me las acercara.

8-2. Una cena desastrosa.

Posibles respuestas:
1. Ya me parecía a mí extraño que en Iowa hubiera almejas frescas.
2. Nunca creí que un cocinero no supiera saltear las verduras.
3. Ya te dije que no pidieras ese postre.
4. Es una vergüenza que no nos pidieran disculpas.
5. Yo no pensé que el restaurante fuera tan caro.
6. Es increíble que encontráramos un restaurante tan malo.

8-3. La cena.
1. b
2. b
3. c
4. c
5. b
6. a

➔8-4. Ampliación de vocabulario.
1. to look great
2. to make one's mouth water
3. to be a disaster
4. They took it well.

SEGUNDA PARTE

2. The conditional and conditional perfect

8-5. Aprendiendo a cocinar.
1. Deberían dar diferentes medidas.
2. Yo le añadiría un poco más de agua.
3. Yo lo pondría 45 minutos.
4. Ya habría llamado por teléfono para avisar.
5. Porque no sé si podríamos preparar comida para más de seis personas.
6. Habría cantidad suficiente.
7. Eso sería mala suerte.

8-6. El régimen.
Irene:
> comería un pollo con salsa y patatas
> rompería todas las revistas de moda como *Glamour*, *Cosmopolitan*, *Vogue*. . .
> iría a un restaurante a comer albóndigas

María:
> comería una vaca
> aderezaría las verduras con aceite
> quemaría las revistas de moda como *Cosmopolitan*
> tiraría la pesa por la ventana

3. The indicative or subjunctive in *si*-clauses

8-7. Demasiadas condiciones.
1. *quieres*, presente de indicativo
   tienes, presente de indicativo
2. *quieres*, presente de indicativo
   tires, presente de subjuntivo
3. *sabría*, condicional de indicativo
   tuviera, imperfecto de subjuntivo
4. *hubiera sabido*, pluscuamperfecto de subjuntivo
   habría comprado, condicional perfecto
5. *hierves*, presente de indicativo
   echa, presente de indicativo
6. *pelan*, presente de indicativo
   pones, presente de indicativo
7. *hubiera tenido*, pluscuamperfecto de subjuntivo
   habría cocinado, condicional perfecto de indicativo

8-8. El cumpleaños de Agustín.
Posibles respuestas:
1. Si hubiera sido mi cumpleaños, yo habría hecho una tarta.
2. Si se me hubiera quemado la pizza, habría llamado a Pizza Hut.
3. Si se me hubiera acabado el pastel, habría cortado los pedazos por la mitad.
4. Si yo hubiera sido Agustín, habría invitado al vecino a la fiesta.
5. Si hubieran sido mis amigos, yo los habría llevado a sus casas.
6. Si hubiera sido yo, habría esperado hasta la mañana siguiente.

8-9. Receta de albóndigas.
1. b
2. c
3. b
4. a
5. c
6. a

SÍNTESIS

➔8-10. Antes de escuchar.
1-3. Respuestas varias.
4. tortilla de patatas, gazpacho y paella

8-11. Mientras escuchas.

Fragmento A
En la dieta mediterránea hay un alto consumo de verduras, frutas, cereales, leguminosas y pescado. Hay también un consumo moderado de lácteos y carnes. El vino y el aceite de oliva son elementos indispensables.

Fragmento B
a. Los griegos y fenicios introdujeron el aceite de oliva en la cocina española.
b. Los romanos convirtieron a Andalucía en el principal centro productor.
c. Los árabes dieron el nombre al aceite.

Fragmento C
a. El vino era bebida de dioses y héroes.
b. la tarraconense española.
c. Regiones españolas en las que se produce vino son Rioja, Jerez, Aragón, Galicia, Ribera del Duero, Cataluña, La Mancha.

Fragmento D
Gazpacho: hacen falta tomate, pepino y pimiento. Cebolla se le puede echar pero no es aconsejable. También se le añaden vinagre, ajillos y un poquito de comino. En la guarnición se hace un picadillo de pepino, pimiento y cebolla.

Sangría: Se necesita un vino normal, una bebida que sea gaseosa, por ejemplo limonada, bastante fruta, por ejemplo, melocotón o plátano, trozos de limón, trozos de naranja, azúcar y a veces también se le puede añadir un poco de ginebra y mucho hielo.

➔8-12. Después de escuchar.
Respuestas varias.

Lección 9
Nuestra sociedad en crisis

PRIMERA PARTE

1. The pluperfect subjunctive

9-1. Fernando no es un asesino.
1. (1) sabía; (2) hubiera estado
2. (1) podía creer; (2) hubiera traficado
3. (1) esperé; (2) hubiera ido
4. (1) deseaba; (2) hubiera ocultado
5. (1) desconocía; (2) hubiera sido
6. (1) creía; (2) hubiera robado
7. (1) era posible; (2) hubiera querido
8. (1) esperaba; (2) hubiera sido

9-2. Vidas difíciles.
Posibles respuestas:
1. Si yo hubiera sido Jesús, yo pienso que hubiera robado la manzana.
2. Si yo hubiera sido Eva, yo creo que hubiera asesinado al hombre.
3. Si yo hubiera sido Carmen, yo creo que hubiera llamado a Harrison Ford.
4. Si yo hubiera sido Javier, es probable que hubiera matado a esa persona.

9-3. La vida de Fernando.
1. c
2. b
3. a
4. a
5. c
6. b

9-4. Algo más sobre la vida de Fernando.
Posibles respuestas:

1. Fernando parece triste, apesadumbrado, cuando habla de por qué dejó la escuela. Sí, se arrepiente de haber dejado la escuela.
2. No, Fernando no quería robar a ese matrimonio. Su voz cambia de normal a seria de repente. Esto es porque va a contar algo importante y en este caso algo que no le gusta.
3. Su voz tiembla, ese hecho es algo que no quiere recordar.
4. Probablemente, porque tenía miedo y no quería matar a una persona.
5. A Fernando no le gusta su vida pasada. De hecho es algo que quiere olvidar porque no habla de ello. En las últimas frases, Fernando parece contento de haber salido de esa vida en la que estaba.

SEGUNDA PARTE

2. Uses of *se*

9-5. Instrucciones para un buen atraco.
1. Se le dice hola a la persona.
2. Se le pregunta amablemente la hora.
3. Se le dice, ¡qué reloj más bonito lleva!
4. Educadamente se le pide que se lo dé.
5. Si la persona se resiste, se le dice que usted tiene una navaja.
6. Si la persona abusa de su paciencia, se le dice que usted tiene una pistola.
7. Cuando la persona le da todas sus pertenencias, se le dan las gracias amablemente.
8. También se le puede decir a la persona a la que ha atracado en dónde se puede tomar un café para pasar el susto.

9. No se olvide de dejarle algo de dinero para el café.
10. Se despide amablemente y se le dan las gracias al atracado por su cooperación.

9-6. ¿Qué se hace en España?

1. se come paella → Valencia
2. se come turrón → toda España
3. se hace turrón → Alicante
4. se bebe cava → toda España
5. se toman las uvas → toda España
6. se tocan las campanas → Madrid
7. se celebra la Noche Vieja → toda España
8. se celebra el 20 de enero → San Sebastián
9. se celebra la fiesta de San Jorge → toda España, Cataluña
10. se regalan libros y rosas → Cataluña

3. Indefinite and negative expressions

➔9-7. En la comisaría.

1. ¿Has tenido algún problema esta noche?
2. ¿Algún crimen?
3. Seguro que alguien buscaba drogas.
4. ¿Ha sido alguien que conocemos?
5. Me gustaría algo o alguien nuevo.
6. O viene algún ladrón nuevo o me cambio de comisaría.

9-8. Emparejando.

1. Indiana Jones
2. Steven Spielberg
3. Bill Clinton
4. Michael Jordan
5. vino
6. Helen Hunt y Paul Reiser

9-9. Borrachera con consecuencias.

1. a
2. c
3. b
4. a
5. c
6. b

➔9-10. Impresiones.
Respuestas varias.

SÍNTESIS

➔9-11. Antes de escuchar.

1. c
2. a
3. c
4. b

9-12. Mientras escuchas.

1. **Secuestradores:** la guerrilla peruana Tupac Amarú, muerte de todos los secuestradores, presentaron gran resistencia
Secuestrados: 72 rehenes, 126 días, embajada japonesa de Lima, etc.
Presidente: Alberto Fujimori, en mangas de camisa y chaleco antibalas, ofreció una rueda de prensa, su popularidad estaba mermada. . .
¿Muertos?: todos los secuestradores, uno de los rehenes y dos miembros del ejército.

2.
1. La Guerrilla Peruana Tupac Amarú mantiene a 72 rehenes durante 126 días.
2. Se inicia la operación de liberación.
3. La operación dura 45 minutos.
4. El presidente Alberto Fujimori habla a la prensa.
5. Los secuestrados hablan a la prensa.

➔9-13. Después de escuchar.
Respuestas varias.

Lección 10
El empleo y la economía

PRIMERA PARTE

1. Indirect speech

10-1. Lo que dicen Estíbaliz y Rafael.

1. Estíbaliz dijo que mañana iría a buscar trabajo.
2. Rafael dice que ha tenido una entrevista con una empresa.
3. Estíbaliz comentó que había conseguido trabajo como socióloga.
4. Rafael dice que mañana será su primer día de trabajo.
5. ´Estíbaliz dice que tiene que hablar con su jefe.
6. Rafael me preguntó si estaba interesado en el puesto.
7. Estíbaliz anuncia que le han ofrecido el contrato.
8. Rafael prometió que (yo) trabajaría a tiempo completo.

10-2. Agencia de trabajo.

1. Tú: Paco pregunta si nos sirven un par de albañiles.
2. Tú: Mi jefe pregunta si hay algún ebanista disponible.
3. Tú: Paco dice que tuvieron ebanistas la semana pasada.
4. Tú: Mi jefe pregunta que dónde está tu jefe.
5. Tú: Paco dice que hace una hora le dijo que se iba a hacer entrevistas.
6. Tú: Mi jefe pregunta si todavía no ha vuelto.
7. Tú: Paco dice que hace las entrevistas en el bar.

10-3. La entrevista de Clara.

1. b
2. c
3. b
4. c
5. a
6. a

10-4. Impresiones.

Posibles respuestas:

1. Clara está neviosa.
2. No está segura.
3. Sergio cree que es una persona importante.
4. To knock on wood.
5. Clara toca madera porque quiere tener buena suerte.

SEGUNDA PARTE

2. The relative pronouns *que*, *quien*, and *lo que*, and the relative adjective *cuyo*

10-5. El comienzo de un negocio.

1. *lo que*, porque hace referencia a una acción anterior, algo que ha sido contado en el pasado.
2. *que*, porque el antecedente es una cosa.
3. *que*, porque el antecedente es una cosa.
4. *quien*, porque hace referencia a una persona y va precedido por la preposición *con*.
5. *lo que*, porque hace referencia a una acción anterior, a un dinero que se ha prestado en el pasado.

6. *lo que*, porque hace referencia a una idea.

7. *que*, porque el antecedente es una persona pero no hay preposición.

8. *quien*, porque hace referencia a una persona y va precedido de la preposición *de*.

9. *quien*, porque hace referencia a una persona y va precedido de la preposición *sin*.

10-6. La reunión de vecinos.

1. Falso
2. Cierto
3. Cierto
4. Cierto
5. Falso
6. Cierto
7. Falso

3. The relative pronouns *el/la cual* and *los/las cuales*

10-7. En el banco.

1. Las cuales → las acciones
2. (Con) el que → el dinero
3. (Por) la que → la razón
4. El cual → el dinero
5. (Con) el cual → el banquero
6. (En) la cual → una empresa
7. Los cuales → los pagarés
8. (Con) los cuales → imprevistos

10-8. Lo que hacen las personas.

1. by the man who is speaking with a woman by the door.
2. by the woman who is speaking by the door.
3. by the woman who has a torn dress.
4. by the man who has a briefcase (left of the picture).
5. by the man who has a hat in his hands.

6. by the men who are talking to him.
7. by the woman who is walking the dog.
8. by the dog.

10-9. La primera tarjeta de crédito.

1. c
2. a
3. b
4. c
5. a
6. b

⊕10-10. Ampliación de vocabulario.

1. just in case
2. it's better than nothing
3. money flows through yours hands like water
4. money flows through yours hands like water

SÍNTESIS

⊕10-11. Antes de escuchar.

Respuestas varias.

10-12. Mientras escuchas.

1. Los jóvenes reparten propaganda, venden pañuelos de papel a los automovilistas, elaboran productos de artesanía, hacen encuestas, tocan la guitarra por la calle u ofrecen muestras de productos alimenticios en los supermercados.

2.
   a. El joven no ve otra forma de acceder a un puesto de trabajo más que creando su propio puesto de trabajo.
   b. El paro es una razón para crear su propia empresa. Por circunstancias familiares.

   c. Por vocación. Hay personas que no quieren trabajar para otra persona en donde no pueden tener autonomía.

   d. Formación. Una persona decide adquirir una formación concreta para convertirse en empresario.

3.

   a. Ambición.

   b. Iniciativa.

   c. Vocación casi innnata.

   d. Resistencia al desaliento.

4.

   a. Seguridad.

   b. Ocio, tiempo libre.

➔**10-13. Después de escuchar.**
Respuestas varias.

Lección 11
El tiempo libre

PRIMERA PARTE

1. Sequence of tenses with the subjunctive

11-1. Mezclas.

1. *jugaran* → imperfecto de subjuntivo porque *dije* es imperfecto.
2. *vaya* → presente de subjuntivo porque *ha recomendado* es presente perfecto de indicativo.
3. *gustara* → imperfecto de subjuntivo porque *creí* va en pretérito de indicativo.
4. *bucee* → presente de subjuntivo porque *busco* es presente de indicativo.
5. *hubieras venido* → pluscuamperfecto de subjuntivo porque *habría molestado* es condicional perfecto de indicativo.
6. *reme* → presente de subjuntivo porque *necesito* es presente de indicativo.
7. *encontrarais* → imperfecto de subjuntivo porque *alegramos* es presente de indicativo.
8. *guste* → presente de subjuntivo porque *no pienso* es presente de indicativo.
9. *encendiéramos* → imperfecto de subjuntivo porque *sugirió* es pretérito de indicativo.
10. *hayas aprendido*, presente perfecto de subjuntivo porque la expresión *es bueno* va en presente de indicativo.

11-2. Problemas, intenciones, deseos...

A. Situación 2
B. Situación 3
C. Situación 1
D. Situación 4

11-3. El campamento.

1. b
2. a
3. c
4. c
5. b
6. a

SEGUNDA PARTE

2. Uses of definite and indefinite articles

11-4. Artículo, ¿sí o no?

1. *el*, porque es un título para una persona y el hablante no se dirije a él.
2. Debería ser *un*, porque es la primera vez que hablamos de que Jorge es profesor en México. Sin embargo, como va detrás de *es* no hay artículo indefinido.
3. *El*, se usa delante de nombres de lenguas.
4. Aquí no hay artículo porque va detrás de un verbo con el sentido de aprender.
5. *El* porque va delante de un título de persona y el hablante no se dirije a él.
6. No se pone artículo delante de palabras como *don*, *doña*.
7. Delante de fechas se pone *el* y no se escribe nada delante de palabras como *san*, *santo/a*.

8. No hay artículo delante de palabras como *mil*, *cien*, etc.

9. No hay artículo delante de palabras como *medio/a* y *tal*.

10. Como es la primera vez que mencionamos a Thomas Jefferson se pone el artículo *un*.

11-5. El matrimonio Domínguez.

1. f
2. a
3. d
4. e
5. c
6. b
7. g
8. i
9. h

3. Uses of the gerund and the infinitive

11-6. Silencio, por favor.

1. Bajando las escaleras.
2. Se prohibe fumar.
3. Cantar es divertido pero no en el trabajo.
4. Escuchando y mirando se aprende mucho.
5. Pedir y se os dará.
6. Haciendo ejercicio.

11-7. Personajes famosos.

1. Madonna: Cantar es divertido.
2. Albert Einstein: Todo es relativo.
3. Ernest Hemingway: Correr en los San Fermines me mantiene joven.
4. Sigmund Freud: Soñar es vivir.
5. Winston Churchill: Fumar puros ayuda a ganar guerras.
6. Marilyn Monroe: Llevar faldas es una locura.

7. Stanley Kubrick: Exprimir una naranja mecánica es como un vuelo espacial.
8. Rigoberta Menchú: Contar mi vida es luchar contra la injusticia.

11-8. ¡Apuestas!

1. a
2. b
3. b
4. b
5. b
6. c

11-9. ¿Cómo son ellas?

Respuestas varias.

SÍNTESIS

➔11-10. Antes de escuchar.

Respuestas varias.

11-11. Mientras escuchas.

1. Se juega por la inquietud, por la esperanza, por la ilusión. El jugador juega por la ilusión de ganar, por la ilusión de tener suerte.
2. Los españoles juegan

   a. porque es un país providencialista y la gente espera que el dinero le caiga a las manos como el maná en el desierto.

   b. por la crisis económica y se puede pensar que el juego es una solución de emergencia.

   c. hay una oferta tan amplia que causa demanda.

3. El antecedente del juego legalizado se encuentra en Brujas en el siglo XVI que es donde surge un sistema de lotería parecido a los actuales.

4.
   a. 1763
   b. 1812
   c. 1938

d. 1983–1984

⊕11-12. Después de escuchar.
Respuestas varias.

Lección 12
Hacia un nuevo milenio

PRIMERA PARTE

1. *Se* for unplanned occurrences

12-1. Un mal día.
1. Se me ha estropeado el coche.
2. Se me ha perdido la cartera.
3. Se me han olvidado en casa.
4. Se me ha estropeado la computadora.
5. Se me han quedado las llaves en la oficina.

12-2. Mala suerte.
1. Falso
2. Cierto
3. Falso
4. Cierto
5. Falso

12-3. Novelas de terror.
1. a
2. b
3. b
4. b
5. c
6. c

⊕12-4. Impresiones.
Respuestas varias.

2. The passive voice

12-5. Descubrimientos.
1. Ya en la antigüedad se pensaba que la Tierra era redonda.
2. En 1969 se pisó la Luna por primera vez.
3. Se lanzan cohetes desde Houston.
4. En la Segunda Guerra Mundial se lanzó la primera bomba atómica.
5. En los años 50 se lanzó el primer vuelo espacial con hombres.
6. El fuego fue descubierto /se descubrió antes que la escritura.
7. El teléfono fue inventado / se inventó a finales del siglo XIX.
8. En la Guerra de Crimea fue creada / se creó la Cruz Roja.

12-6. Personajes famosos en apuros.
1. Leonardo Da Vinci: La Mona Lisa ha sido vista pilotando mi helicóptero.
2. Isaac Newton: Fui atacado por una manzana.
3. Alexander Graham Bell: Mis secretos fueron divulgados por el teléfono.
4. Rudyard Kipling: Mi hijo Mowgli fue educado por un oso.
5. Jules Verne: La realidad fue superada por mi ficción.
6. Max Planck: Las distancias en el Universo son medidas por la luz.
7. Pablo Picasso: Mi Guernica es considerado el símbolo de la guerra.

3. Diminutives and augmentatives

⊕12-7. Cuentos.
1. d
2. f
3. e
4. c
5. b
6. a

12-8. Cosita, cosaza.
1. un planetazo: Júpiter

2. un cochecito: Wolskwagen
3. un actorazo: Harrison Ford
4. una montañaza: el Everest
5. un hombrecito: un pigmeo
6. un novelón: El Quijote
7. un torreón: la torre Sears
8. un planetita: Mercurio
9. un actorcito: Dani DeVito
10. un barcazo: el Titanic
11. un cochazo: Rolls Royce

12-9. Mis profesores.
1. a
2. b
3. b
4. a
5. c
6. c

SÍNTESIS

➲12-10. Antes de escuchar.
Respuestas varias.

12-11. Mientras escuchas.

Fragmento A
1. Se trata de un concurso.

Fragmento B
2. Posibles respuestas:
   a. Raúl es una persona que se opone a las reglas que establece la sociedad de una forma sorprendente para todo el mundo.
   b. Raúl ofrece el seguro de su propia vida que se cobrará cuando alguien lo mate.

Fragmento C
3. El grupo Wellman está dispuesto a pagarle a Raúl el dinero que él había perdido en la apuesta. Sin embargo, Raúl no quiere aceptar ese dinero.

➲12-12. Después de escuchar.
Respuestas varias.